귀티나게 곱게 익어가는
지혜 철학

장수연구가
저자 박사 전준상

건강 장수의 3가지 조건
① 골고루 균형 잡힌 식사를 해야 한다.
② 소 일거리로 늘 움직이고 운동해야 한다.
③ 밤 10시에 자고 아침 6시까지
   하루 8시간 숙면해야 한다.

자수정 출판사

상담문의 010-8558-4114 / 010-8952-4114

농협 1300-3551-1656-95 우희정

귀티나게 곱게 익어가는
지혜 철학

지 은 이 - 박사 전준상
발 행 처 - 자수정 출판사
발 행 일 - 2024년 4월 5일
신고번호 - 제 2018-000094호

서울 영등포구 영중로65
자수정출판사 010-8558-4114
정 가 ₩20,000원
*파본은 교환해 드립니다.

홈페이지 - 주소창에 www.198282.net
　　　　　NAVER 네이버 검색창에 전준상
　　　　　▶YouTube 유튜브 검색창에 박사전준상
E-mail - yangko719@daum.net

머 리 말

머리가 흰 노인을 실버라고 부른다.
백발노인이라고 하는 말 대신 은색 같다 하여 애칭처럼 지어진 이름이다.

실버일수록 지혜롭게 곱게 익어가는 노인이 되어야 한다.
그러자면 첫째 노년의 희망인 건강과 노후대책이 필요하다. 그리고 사람답게 살기 위해 노인으로 사는 삶에 외로움과 고독함 없이 즐겁고 행복해야 한다.
본 저서 곱게 익어가는 <지혜 철학>에서 노년의 인생을 어떻게 살아아 할 것인가를 지혜롭게 제시해 주고 있다.

70~80세에 일찍 인생을 조기 마감한 사람들은 자기관리에 있어서 지혜롭지 못하고 소홀했기 때문이며 100세, 120세까지 천수를 다한 사람들은 규칙적이고 계획적으로 짜 놓았기 때문이다. 이것이 바로 지혜이며 파워이다.

불편함이 없이 풍요롭고 즐겁게 사람 사는 것같이 산다는 것은 '지혜'가 있어서이며 그것이 곧 행복한 것이다.

지혜란?
세상 이치를 빨리 깨닫고 터득하여 모든 일을 정확하게 처리하는 정신적 능력을 말한다. 때로는 자기감정을 통제할 줄 아는 사람으로 통찰력과 안목을 가지고 있는 사람이다.
부뚜막에 소금도 넣어야 짜듯이 몸소 실천에 옮기지 않으면 공염불에 불과하다. 고정관념에서 벗어나 생각이 바뀌어야 인생이 바뀌게 된다.
본서를 끝까지 읽으시면 인생을 어떻게 살 것인가 대한 해답을 얻을 수 있을 것이다. 감사합니다.

2024년 4월 5일
저자 박사 전준상
010-8558-4114

프 로 필

아산시 (온양온천)에서 출생한 저자는 세월이 흐르면서 인생 시리즈 <매력>, <멋>과 장수연구 서적 노년시대 시리즈 3권까지 총 85권의 책을 집필하여 국립중앙 도서관에 납본되었고, 건강상식 서적과 인류에 기여 하는 80건의 특허가 특허청에 신청되었다. 그러다 보니 오랫동안 다양한 사업과 일본 현지 법인으로 생보석 홈쇼핑과 출판사를 운영한 경험으로 소설가, 예술인, 발명가, 사업가로 불린다. 동생들은 미국에서 깊은 신앙심 속에 사업을 하고 있으며 자녀들은 강사의 길과 영화시나리오 최우수상을 받았고, <눈을 감아>의 시나리오를 집필하여 영화감독으로 활동하며 칸영화제에 출품한다. 저자는 결혼을 앞두는 막내 병민이에게 교육의 손이 미치지 못한 점이 아쉬워 사회인으로 인류의 소금이 되라고 당부하며, 여러 형제와 자녀들에게는 늘 첫째는 건강, 둘째는 독서를 늘 염두에 두라고 가르친다.

본 저자는 앞으로도 집필을 멈추지 않는다면 몇십 권의 저서를 더 펼칠 수 있을 것으로 바라본다.

2024년 4월 5일
저자 박사 전준상(필명)
HP 010-8558-4114

차 례

　　머리말　　　　　　　　　　　　　　3
　　프로필　　　　　　　　　　　　　　4
1.　노년의 지혜　　　　　　　　　　　7
2.　혼자서는 못 산다.　　　　　　　　13
3.　돈 안 드는 가장 좋은 운동　　　　26
4.　인간의 차이　　　　　　　　　　　41
5.　귀티나게 곱게 익어가려면　　　　54
6.　친구와의 우정이란 이런 것이다.　67
7.　70세와 80세의 벽을 넘기면　　　　79
8.　잉여 인간은 비참하다.　　　　　　91
9.　하나뿐인 귀중한 생명　　　　　　105
10.　독서는 지혜의 철학이다.　　　　119
11.　천 년 동안 사랑받는 탈무드　　　137
12.　철학의 가르침　　　　　　　　　153
13.　살기 좋은 나라　　　　　　　　　167
14.　황금만능주의　　　　　　　　　　182
　　부록 - 불로장생(不老長生)　　　　196

1. 노년의 지혜

 노년의 첫걸음인 60세가 되면 아직은 청춘이라 생각한다.
그러나 10년의 세월이 흘러 강산이 변하여 70세가 되면 장년으로 성숙해진다.
이때는 아직은 늙었다는 생각을 하지 않지만, 세월 앞에 장사 없듯이 80세에 접어들면 상황은 급격하게 변한다.
이제는 나도 늙었다는 생각에 한탄의 목소리가 저절로 새어 나오면서 낙담하게 된다.

첫째는 기력이 떨어져 무기력해지기 때문이다.
그러니 성격도 따라서 온순해지며 양같이 순해진다.
젊어서 사자 같던 야성미는 눈을 씻고 찾아볼 수가 없다.
심지어 노화로 20년은 더 늙어 보이는 사람은 시쳇말로 팥죽 내가 난다는 심한 말까지 듣는다.

근력이 바닥난 노인이라 화를 내려고 해도 성질이 불거지지 않는다.
인생은 이렇게 세월 앞에 무릎을 꿇게 돼버린다.

그러나 젊어서부터 철저하게 건강 관리를 해오고 생활 습관이 좋았던 사람은 20~30년 노화가 늦춰지므로 젊게 살아간다.
80대 노인이 50~60대처럼 뛰기도 하고, 활기차게 걷기도 하며 건강이 매우 좋다. 이렇게 건강 관리를 잘한 사람은 '나이야! 가라!, 내 나이가 어때서'라며 늘 당당하다.

당당한 사람은
질병이 없으니 활력 있게 늘 움직이며, 늘 읽고 검색하며 배운다.
70~80세가 넘어도 문밖으로 나가 친구도 만나고 새로운 사람들과도 늘 어울린다. 그러다 보니 걱정이 없어지고 걱정이 없으니 젊어진다.

노년의 3대 걱정은 돈 걱정, 건강 걱정, 가족 걱정인데 걱정 없이 마음이 편해야 행복하다.
근심 걱정을 잊으려면 느긋하게 그러려니 하고 살면 된다.

내 인생에 문제가 생겼다고 안타까워하거나 슬퍼하지 말아야 한다.
그릇이 큰 사람은 갑자기 큰일을 당했을 때 당황하지 않고 침착하게 대책을 세울 줄 아는 사람이다.

시간이 지나면 별것 아니었다고 생각되며 조급증을 내다보면 오히려 일을 그르치게 된다.
성급하여 성질부터 부르르 떠는 사람은 단명하는 원인이 되고 느긋하고 여유로운 사람이 장수하게 마련이다.

여러 사람 앞에서 잘난 체하지 말아야 한다.
모난 돌이 정을 맞는다고 따돌림을 당한다.
알아도 모르는 척 겸손하게 넘어갈 줄 알아야 한다.
살다 보면 만나는 사람마다 내 마음에 꼭 맞는 사람이 몇이나 될까? 편협하고 까칠한 사람이 건강도 잃고 인맥도 잃는 것이며 나라고 누구 마음에 꼭 맞는 사람일까를 생각해 봐야 한다.
사랑하여 백년해로를 약속한 배우자도 내 맘과 같지 않아 티격태격 부부싸움을 하고 자식 또한 내 맘 같지 않은 법이다.

'그러려니' 하고 한 번만 더 생각하면 모든 것이 해결된다. 김수환 추기경님의 별명은 바보이셨다.

내 귀에 들리는 말들이 뒷담화로 들릴 때도 있고, 내 말도 더러는 남의 귀를 거슬리게 할 때도 있다.
마음에 안 드는 말을 듣는다고 말끝마다 사사건건 말꼬리를 물고 늘어지면 이 세상에 대화를 나눌 사람은 몇이나 되겠는가!
지는 것이 곧 이기는 것이라는 말이 있듯이 그러려니 하고 넘어가면 마음이 편안해지고 너그러워진다.

세상은 항상 내 맘대로 풀리지 않으니 마땅치 않은 일이 있어도 누구나 다 그렇다고 생각하면 편하다.
다정했던 사람도 항상 다정하지 않고 헤어질 수도 있다.
형제자매나 지인 그리고 친구도 마음에 상처를 받아 의절하고 살을 맞대고 살던 부부도 파경을 맞는 일이 허다하다.
이 또한 그러려니 하지 않아 원수가 되고 적이 되는 것이다.

무엇인가 안 되는 일이 있어도 실망부터 하지 말아야 한다.
시간이 지나 되돌아보면 일이 잘 안 풀려도 반드시 풀릴 때가 있기 마련이다.
그러니 여유를 갖고 그러려니 하며 살아도 된다.

인생에는 때가 있어 준비된 자에게는 희망을 갖고 긍정적으로 기다리면 기회가 온다.

사람이 주는 상처에 너무 마음 쓰고 아파하지 말자.
세상은 아픔만 주는 것이 아니므로 집착하지 말고 그러려니 하고 살면 된다.
너그러운 사람, 따뜻한 사람, 온화한 사람, 마음이 편안한 사람
상대방에게 내가 이러한 사람으로 늙는다면 귀티나게 곱게 익어가는 것이다.

많은 사람 중에는 유독 귀티가 나는 사람이 있는데 그런 사람에게는 존경심이 생겨 절로 고개가 숙어진다.
현재의 모습은 과거의 내가 마음먹었던 것들과 행동하였던 것들이 쌓여서 우러나오는 것이다.
이런 사람은 얼굴이 잘생겨서가 아니라 묻어나는 품격이 다르게 보인다.
사람들은 이러한 사람을 가까이하려고 하는데 함부로 말을 내뱉지 않고 배울 점이 많아서이다.

귀티 나는 사람은 옷차림이 깔끔하고 단정하다.
인간은 시각적 동물이기 때문에 단정하고 깨끗하면 호감이 생긴다.

시간과 장소 상황에 맞는 깨끗한 옷차림에 신경 쓰는 것만으로도 자세와 행동이 바뀌고 사람들에게 풍기는 이미지가 바뀐다.
그러므로 옷차림은 귀티 나는 사람의 첫걸음이다.

이렇게 사람은 자기관리를 잘하는 사람이므로 건강하게 보이고 밝아 보인다.
나이가 들면 등과 엉덩이 허벅지, 종아리의 근육이 빠져 가늘어지는데 근육이 빠지면 기력이 떨어지고 면역력이 떨어져 암, 성인병, 치매와 같은 병이 찾아온다.
그러므로 나이가 들수록 운동을 꾸준히 해야 한다.

70대에 시작한 운동으로 근육이 쌓이면 90대까지 건강수명이 늘어난다.
운동은 스트레스를 해소하고 피부가 밝아져 표정이 달라 보여 자존감을 높인다.
운동과 더불어 단백질 섭취도 중요하므로 우유, 달걀, 콩, 두부, 고기, 생선을 식사때마다 빠지지 않고 섭취하는 것이 좋다.
이렇게 섭취한 음식은 우리 몸의 장기 곳곳에 영향을 주어 에너지원이 되고 먹은 대로 몸을 된다.

2. 혼자서는 못 산다.

 아내가 행복해야 가정이 편안하고 남편의 인생도 행복하다.
그러므로 남편의 운명이 아내의 손에 달려있다는 것이 과언이 아니라 나이가 들어가면서 이러한 진리는 더욱 두드러진다.

남편은 아내의 행복이 자신의 전부라는 것을 행동으로 보여주어야 한다.
가난한 사람은 좋은 아내를 얻고 싶어 한다.
중국의 구양수처럼 능력 있는 남자라도 본인이 재력이 있고 지위가 높은 것은 아내의 덕으로 생각하고 아내에게 늘 칭찬해야 한다.

아내는 남편의 영원한 누님이다.
좋은 아내를 얻는 것은 제2의 어머니를 갖는 것과도 같다.

이 세상에 아내라는 말처럼 정겹고 마음 편한 단어가 또 있을까!
아내는 젊었을 때는 여인이고, 중년엔 반려자이며, 늙어서는 간호사이다.

아들은 자신의 아내를 맞을 때까지만 자식이다.
그러나 딸은 어머니에게 있어서 평생의 딸이다.
가난하고 천할 때 사귄 친구는 잊을 수 없고 조강지처도 평생 버리지 않는다. 옛 벗이나 아내는 평생 잊어서는 안 된다.
조강지처(糟糠之妻)란?
지게미와 쌀겨로 몹시 가난하게 끼니를 이어가며 고생을 같이해 온 아내라는 뜻으로 곤궁할 때부터 고생을 함께 겪은 본처를 말한다. 일부다처제인 나라에서도 첫째 아내는 버리지 않는다.

현모양처(賢母良妻)인 아내란?
어진 어머니이면서 착한 아내를 말한다.
옛날에는 초등학교도 못 나와 자신의 이름 석 자도 쓸 줄 모르셨지만, 남편에게는 순종하며 하늘같이 섬기었으며 자신의 입으로 들어가는 것까지도 자식의 입에 넣어주시며 사랑을 듬뿍 주시는 천사 같은 어머니들이 대부분이었다.

그러나 세상이 변하여 현모양처를 기대하기는 힘들어 악처이거나 반대로 남편이 공처가인 경우가 많다.
참고 견디며 살기보다는 이혼으로 인해 자식들이 설 수 있는 환경이 아니다 보니 계모의 아동학대로 인한 끔찍한 일들이 빈번히 일어나고 있다.

인성이 거칠면 짐승의 반도 못하게 되며 그래서 인생에서 가장 중요한 일은 평생의 반려자를 잘 만나야 한다. 배우자를 잘 만나야 하고, 부모를 잘 만나야 하고, 친구를 잘 만나야 하고, 정신적 지주로 삼는 멘토를 잘 만나야 하며 나라의 지도자를 잘 만나야 한다.

100년 120년을 살아가면서 내 주변에 착한 사람을 만나지 못하면 불행하게 세월만 길어질 뿐이다.
인생의 시계는 단 한 번 멈추지만 언제 어느 시간에 멈출지는 아무도 모른다.
천대받고, 학대받고, 멸시받으면서 인권이 짓밟힐 때 이 세상에 태어난 것을 원망하며 환멸을 느끼게 된다.

호화스러운 궁전 같은 집을 가지려 하지 말고 화목한 가정을 가져야 한다.
호화주택에서 살면서 화내고 다투고 불평불만인 것보다는 오두막집이라도 웃음꽃이 가득한 집이 더 좋은 법이다.

늘 기쁘게 사는 사람은 배려할 줄 알고 주는 기쁨을 아는 사람이다.

아낌없이 주면 주는 만큼 더 많이 받게 되며 내가 남에게 주는 것은 언젠가는 내게 배가 되어 다시 돌아온다. 그러나 내가 남에게 함부로 한 것은 바로 돌아오지 않더라도 반드시 보복성 대가로 돌아온다. 원래부터 악으로만 대하는 것은 어리석은 일이며 진심으로 자신을 낮추고 대하는 사람은 상대방의 마음을 산다.

삐뚤어진 마음을 바로잡을 줄 아는 사람은 지혜롭고 현명한 사람이다.
달을 좋아하는 사람은 그리움이 많고,
별을 좋아하는 사람은 꿈이 많고,
비를 좋아하는 사람은 추억이 많고,
눈을 좋아하는 사람은 순수하고,
꽃을 좋아하는 사람은 아름답다.
이 모든 것을 좋아하는 사람은 지금 사랑하고 있는 사람이다. 아무리 곤경에 빠져있어도 당황하지 말고 사방이 다 막혀있어도 위쪽은 언제나 뚫려있다.

인생에서 중요한 것은 실패하지 않는 것이 아니라 실패해도 좌절하지 않고 오뚝이처럼 7전 8기로 일어서는 것이다.
어떤 꿈을 가지고 있다면 꿈은 반드시 이루어지지만 준비된 자에게만 기회가 주어진다. 그러므로 늘 철저히 준비하여야 빨리 이루어진다.

이성을 사랑하는데도 규칙이 있고 꿈이 있어야 한다.
①용기가 있어야 사랑이 이루어진다.
②꿈이 있어야 이상형을 만날 수 있다.
③사랑하려면 돈이 있어야 한다.
④마음을 표현하기 위해 선물을 준비해야 한다.
⑤큰소리를 치거나 화를 내지 말아야 한다.
⑥따뜻하게 배려하고 너그럽게 이해해야 한다.
⑦신의를 지켜 믿음을 주어야 한다.
⑧외모를 흉하지 않게 가꾸어야 한다.
⑨무지하지 않게 늘 배워서 지성미를 갖추어야 한다.
⑩가정교육을 잘 받고 혈통이 좋은 유전자를 가졌어야 한다.
사랑은 강요할 수 없으나 영원할 수 있다.
법으로 정할 수는 없으나 소망할 수 있다.
재촉할 수는 없으나 자연히 흐르게 되며 기다릴 수 있다.

귀티가 나게 곱게 늙는다는 것은 재력이 있다고 되는

것이 아니다.

옷차림이 단정하고 깔끔해야 하며, 자세를 바르게 하고 당당하게 허리를 펴고 꼿꼿해야 좋은 인상을 준다.

상대방을 배려하며 말수는 줄이고 상대방의 말을 경청할 줄 알아야 한다.

차분하고 여유로운 마음가짐을 갖고 자신을 컨트롤 해야 한다.

긍정적인 마인드로 상대방을 대해야 매력적으로 느낀다.

귀티 나는 사람은 내면을 갖춘 사람으로 곱게 늙으며 인생은 귀티가 나야 일이 잘 풀리고 존경받을 수 있다.

외모와 피부 옷차림에서부터 귀티 나는 첫인상이 좌우된다.

귀티는 과거부터의 마음가짐과 지식, 지혜가 한데 어울려 누적된 결과물이다.

귀하게 보이는 모습이나 태도를 보고 귀티가 나는 것이며 나이가 들수록 귀티가 나야 홀대당하지 않는다.

살아온 경험이 쌓여서 마음이 되고, 그 마음이 얼굴로 나타나는 것이 인상이다. 이렇게 마음이 쌓이고 쌓이면 관상이 된다.

몸과 얼굴은 그동안 어떻게 살아왔느냐를 나타내는 가

장 기본적인 척도이며 건강 역시 어떻게 살아왔는지 대변해 준다.

세월은 하염없이 흘러 노년이 되면 그동안 배우자, 자식, 형제, 친구로부터 미움을 사지 않았는지 되돌아보게 된다.
오랜 세월 동안 터득해 보니 노년은 그동안 다 못한 것을 하기 위해 돈을 쓰며 즐기는 시기다. 짠돌이 구두쇠란 돈을 쓰는데 몹시 인색하고 노랑이는 속이 좁아 마음과 돈의 씀씀이가 아주 인색한 사람을 말한다.
그러므로 노년은 돈을 아껴 저축하거나 부를 축적하거나 일을 벌이는 시기가 아니며 옛날 조선 시대처럼 자식에게 희생만 하며 자식 눈치만 보고 살지 말아야 하며 행복을 위해 즐거운 삶을 찾아야 할 때다.

자식의 경제문제는 자식들의 문제이다.
부모가 관여할 것이 아니라 지금까지 키우고 가르치고 결혼시키고 돌봐준 것만으로 부모의 역할은 다한 것이다.
자식에게 유산을 물려주기 위해 아등바등 아끼고 저축하며 자신에게는 돈 한 푼 쓰지 않는 것은 희생이 아니라 자식의 앞길을 망치는 일이다.

피땀 흘리지 않고 손에 쥔 재물은 주색잡기나 무위도식(無爲徒食)으로 인생을 퇴색하게 만든다.
인생의 험난을 시련을 이겨내 본 적이 없는 사람은 위기와 고난이 닥쳤을 때 극복하지 못하고 좌절하여 사람답게 살지 못한다.

이제 자식이 성인이 되었으니 제 앞가림은 스스로 하게 두고 지금부터는 자신의 건강에 최선을 다할 때이다.
나이가 들면 들수록 노화로 인해 몸은 점점 쇠약해지고 의욕도 없어져 삶의 질이 떨어지지만, 그럴수록 건강에 관해 최선을 다해야 자식에게도 짐이 되지 않는다.

평생의 반려자는 나의 아내이며 남편이며 가장 가까운 친구이자 울타리이다.
때로는 지팡이가 되어 손을 맞잡고 맛있는 맛집도 찾아다니면 이보다 즐거울 수가 없다.
노년에는 옷이나 장신구를 장만하지 않아도 되니 맛있는 음식을 먹고 여행도 자주 다니는 것이 좋다.
식도락여행으로 맛있는 집을 찾아다니고 안가 본 곳을 여행하면 사람 사는 것 같은 즐거움이 생긴다. '아! 이런 것이 노년의 행복이구나'라는 것을 느끼며 감탄하게 된다.

노부부가 기력이 떨어져 활력이 없다면
본 필자가 섭취하고 있는 '불로장생'을 장복하라.
20~30년 전으로 돌아간다.

노년에는 사소한 일이나 어떠한 일에도 스트레스받지 말고 과거의 나쁜 기억은 빨리 잊고 좋았던 추억만 떠올리며 현재를 즐겨야 한다.
항상 나는 늙었다는 생각에서 벗어나 나이를 잊고 살며 현대의 시대 흐름에 따라 뒤처지지 말고 이메일, SNS, 카카오톡, 문자, 동영상 등도 익숙해져 넓은 세상을 볼 줄 알아야 한다.

나이 많은 것을 자랑인 듯 말하지 말고 어린아이처럼 엄살 부리지도 말고, 옛날에 잘나가던 과거를 과시할 필요도 없으며 과거는 과거일 뿐 남에게는 무의미한 말이므로 현재의 나를 돌아봐야 한다.
젊은 세대에게 '어려서 무엇을 알겠냐'고 무시하지 말고 조언을 해주며 가르치려 하지 말고 존중해 줘야 한다.
나잇값을 못하면 꼰대, 노털이라고 망신당하는 일이 빈번하다.
젊은이는 자신이 평생 늙지 않고 노인이 된다는 것을 지금은 절대 모르고 시간이 지나고 깨달음이 있어야만 알 수 있다.

인생은 긍정적이고 내가 좋아하는 사람과 어울리기만 해도 세월이 너무나도 짧다. 내가 성장하려면 인성이 좋은 친구, 지혜가 많은 친구를 구별할 줄 아는 혜안이 필요하다.
세미나, 동창회, 결혼식, 친목회 등 모임이 있으면 적극적으로 참여하는 것이 인연과 인맥을 쌓을 수 있으며 인간만이 할 수 있는 인생살이다.

사람과의 관계에서 나를 내세우고 내 말만 하기보다 남의 말을 경청하고 호응하는 기술이 필요하다.
정치 이야기, 신앙 이야기, 지방색을 드러내는 이야기, 남의 집 이야기도 하지 않는 것이 좋다. 그렇지 않으면 주위에 사람들이 내 곁을 하나둘씩 떠나게 된다.
카톡이나 동영상도 자신은 열심히 보내는데 남이 보지 않으면 공해만 될 뿐이다. 이것도 인맥을 잃는 길이다.

인맥은 큰 자산인데 적으로 만드는 일은 가장 어리석은 짓이다.
좋은 사람은 좋은 사람을 만나고, 따뜻한 사람은 따뜻한 사람을 만나게 된다.
당신이 솔직하고 따뜻하게 대하므로 상대가 당신에게

따뜻함을 느끼는 것이다.
진심은 언젠가는 통하는 법이므로 사람을 진심으로 대하는 태도는 상대방의 신뢰를 사고 인맥 형성에 큰 도움이 된다.

노년의 지혜는 침묵 속에서 깨달아야 해서 '노친네'가 되느냐 아니면 '어르신'이 되느냐다.
깊은 주름에 차림새가 단출하고 별다른 말이 없어도 존중이 드러나는 사람이 있다.
나이 어린 상대에게도 허드렛일을 하는 사람에게도 깊이 허리 숙이는 사람일수록 멋이 묻어난다.
본받고 싶은 기품과 세련미가 풍기는 사람이 진짜 어르신이고 곱게 익어가는 것이다.

나이가 들수록 입은 닫고 지갑은 열라는 말이 있다.
이렇듯 인생의 지혜는 침묵 속에서 깨닫게 되는 것이며 꼰대가 되느냐 어르신이 되느냐는 자신이 만들어가는 것이다. 대우받기보다는 먼저 대접할 줄 알아야 하고, 존경받기 위해서는 먼저 존중할 줄 알아야 한다.

기본을 지키는 것이 인품이듯이 눈살을 찌푸리게 하는 노인은 꼰대로 하시받는다. 목소리가 크면 다 되는 줄 아는 노인은 자존감이 낮은 사람이라 목소리라도 커야 자신을 보호하는 방패인 줄 착각한다.
나이 먹은 게 벼슬도 아니고 권력도 아닌데 아무에게나 '야' '너'하며 반말하며 법이고 진리인 것으로 행동해서는 안 된다. 이런 사람이 벽창호 소리를 듣는 것이고 경박한 노친네 소리를 듣는 것이다.

제대로 곱게 익어가는 어르신은 남녀를 불문하고 귀티가 나며 저녁노을 같은 따뜻한 품격을 지니고 있다.
녹음이 그윽하게 내려앉은 거리에 백발의 노부부가 다정하게 손을 잡고 걸어가는 모습을 바라보면 가슴 뭉클함을 자아낸다. 그렇게 닮아가고 싶다고 느낀다면 터득한 것이고 달라질 것이다.

나이가 들면 나서지도 말고 뛰지도 말고 침착하게 한 발짝 뒤에 물러서서 관망할 줄 알아야 한다.
알고도 모르는 척, 그러려니 하고 귀 거슬리는 소리에도 즉각 반응하지도 말고 적당히 져주며 양보하는 것이 편안하게 늙는 비결이다.

욕심은 화를 자초하는 일이므로 돈이든 권력이든 자식이든 욕심을 버려야 한다. 어차피 죽으면 머리카락 한 올도 가져갈 수 없는데 남은 돈으로 자식들 싸우게 하지 말고 살아있는 동안 베풀며 살아야 한다.

친구를 만나도 술 한 잔 살 줄 모르는 인색한 사람은 자신이 만 년 살 줄로 착각에 빠진 사람이다.

늙을수록 마음 좋게 살아야 하고, 멍청하게 아파서도 안 된다.
내가 사랑하던 가족들도 결국 나를 귀찮아하게 되고 결국 요양원에 들어가 괄시받는 신세가 된다.
건강을 스스로 책임지는 사람이 외롭지 않게 사는 지혜로운 어르신이며 인생 승리자이다.

3. 돈 안 드는 가장 좋은 운동

 인생이 행복하려면 우선 마음이 편안해야 한다.
불평불만으로 싸우고 다투고 욕심을 내면 독이 되어 자신을 힘들게 하고 서로에게 생채기를 낸다.
송사에 휘말려 법정에 불려 나가거나 남의 돈을 갚지 못하여 늘 고민과 걱정에 시달리면 스트레스가 쌓여 건강을 해치게 된다.

건강이 나빠서 걱정한다던가.
하는 일이 잘 안 풀려서 고민한다던가
인간관계가 원만하지 않아서 적이 된다면 그 스트레스는 평생 달고 사는 것이다.
탄압과 괴롭힘에 시달리면 사람은 주눅이 든다.
의사들이 쥐를 가지고 스트레스에 관한 실험한 결과 쥐가 있는 곳에 매일같이 쥐의 천적인 고양이를 지나가게 하였더니 며칠 뒤 쥐의 위장에는 피멍이 들어있었고 심장은 거의 망가졌다.

또한 화를 잘 내는 사람의 입김을 고무풍선에 담아 이를 냉각시켜 액체로 만들어 주사기로 쥐에게 주입하였더니 3분 동안 쥐가 발버둥을 치며 죽어가는 것을 볼 수 있었다.
이와같이 우리 몸도 스트레스를 받으면 독이 되는 것이다.

현대 사회는 생존 경쟁의 시대이므로 스트레스와의 전쟁이다.
그래도 어떻게든 받지 않아야 하지만 풀기도 잘 풀어야 한다.
술과 같이 일시적인 것으로 풀기보다는 꾸준하게 독서나 산책 등 정서적인 것으로 푸는 것이 바람직하다.
마음은 늘 감사하는 마음가짐을 갖도록 명상하는 것이 좋다.
감사하는 마음은 종교인들이 많이 하여 믿음이 있는 사람이 장수확률이 높은 편이다.
작은 일이나 하찮은 일에도 감사하며 감사하는 마음속에는 미움, 시기, 질투가 없으므로 평온해지면서 뇌에서 셀루토닌이 분비하여 건강 장수하는 비결이다.

산책하며 걸으면 모든 시름이 사그라든다.
독을 품고 싸우고도 세상 밖으로 나와 걸으면 우선 안

정이 되고 되돌아보게 된다. 그래서 화가 날수록 소낙비를 피해 그 자리를 떠나는 것이 현명하다.
시간이 약이라고 시간이 지나면 화는 점점 풀리게 되고 안 좋았던 마음이 눈 녹듯 사라진다.
자살하러 강물에 뛰어들려다 가도 강가에서 3분만 걸으면 마음이 서서히 풀려 극단적인 생각을 접게 된다.
단순히 걷는 행위만으로도 마음의 안정을 주어 자신의 목숨은 백수를 다하는 것이다.

사람은 누구나 건강하게 오래 살고 싶고 빨리 죽었으면 하고 말하는 사람도 푸념일 뿐이지 마음만은 오래 살고 싶은 사람이다.
그러나 단순히 오래 사는 것만으로는 부족하다.
절대적인 조건은 건강이 받쳐주어야 한다.
잠을 적게 자는 사람은 치매에 걸리거나 면역력이 떨어진다.

질병이나 치매로 앓아눕는 것은 불행한 일이다. 우리는 100만 명이 치매 환자이고, 세계 장수국 1위인 일본의 치매 환자도 800만 명이 넘는다. 그래서 일본은 치매에 관한 연구를 늘 해왔으며 대학병원 의사가 치매 예방법을 연구하는 데 성공하였다.
사람이 똑바로 걸을 때 한쪽 발과 다른 발 사이 한걸음의 넓이 즉, 보폭을 좁게 자분자분 걷는 사람은 치매에 걸리기 쉽다. 그러므로 지금보다 더 넓혀서 걸으면 치매에 걸릴 확률이 절반으로 줄어든다.
빨리 걷는 속도 보다 보폭의 너비가 수명을 좌우한다는 것이다.

보폭을 크게 더 길게 걸으면 자세가 반듯해지고 시선도 위를 향하며 팔도 저절로 많이 흔들게 된다.
발끝도 끌지 않고 위를 향하면 온몸의 근육에 자극을 주어 근육량이 증가하고 운동량도 크게 증가하여 혈액의 흐름도 좋아진다.
걸을 때 자세가 반듯하면 폐가 넓어져서 많은 산소를 받아들일 수 있어 뇌도 빠르게 움직인다. 그러므로 치매를 예방할 수 있다.
반면 종종걸음을 걷는 사람은 뇌경색이 올 확률이 높으며 대뇌 운동영역이 위축되어 있고 보행이 느린 시람은 뇌가 위축되어 알츠하이머인 치매 위험이 높다.

보폭을 5cm 넓혀서 걸으면 5년 젊어지고, 보폭을 10cm 넓혀서 걸으면 10년 젊어진다.
멍하게 걷는 것도 좋은 자세가 아니다.
보폭이 좁아지는 것은 멍하니 걷기 때문이며 보폭을 넓힌다는 의식을 갖고 의도적으로 걸어야 뇌가 활동할 수 있다.
그러므로 걸을 때는 성큼성큼 걷고 보폭을 넓혀서 걸어야 한다는 것을 명심해야 한다.
건강 수명이란?
육체적이나 정신적으로 이상 없이 남의 도움을 받지 않고 자립할 수 있는 것을 말한다.
우리나라 노인들은 72세까지는 건강하지만 81세까지 9년 동안 뜻대로 움직이지도 못하고 누군가의 돌봄을 받으며 생활하는 경우가 많다.
이때 정신은 맑지 못하고 혼미해지며 육체는 천근만근 무겁고 뒤뚱대어 낙상사고가 많아진다. 나이 들어 낙상하면 골다공증으로 뼈가 약해져 고관절 골절이나 뇌진탕으로 사망하기도 한다.

이 모든 것은 기초적인 걸음걸이에 문제가 있기 때문이다.
걷는 횟수가 줄고 앉아서만 있거나 집안에만 있게 되면 근육량은 줄어들어 다리에 힘이 없어지게 된다. 결국에는 건강에 이상이 오고 악순환을 거듭하게 된다.
'건강' '걷기 운동'이란 말을 하도 많이 들어서 식상하기도 하고 수박 겉핥기식으로 소홀하게 되지만 건강과 운동은 아무리 강조하여도 지나침이 없다.

노인들에게 걷는 운동은 보약보다 낫다.
하루에 사천 보를 걸으면 우울증이 없어지고,
하루에 오천 보를 걸으면 치매나 뇌졸중이 예방된다.
하루에 육천 보를 걸으면 심장질환이 예방되고,
하루에 칠천 보를 걸으면 골다공증과 암이 예방된다.
하루에 팔천 보를 걸으면 고혈압과 당뇨를 예방하고,
하루에 구천 보를 걸으면 뇌를 자극하여 건망증을 예방하고,
하루에 만 보를 걸으면 20년을 더 건강하게 장수한다.

걷기는 의욕을 북돋아 준다.
걸으면 밥맛이 좋아진다.
걸으면 비만을 치료한다.
걸으면 고혈압을 조절한다.
걸으면 뇌가 젊어진다.
걸으면 분노가 사라진다.

권력자들과 재벌 총수가 일찍 사망하는 원인 중에는 걷지 않아서이다. 평생 승용차 없이 걸어 다닌 사람은 오히려 건강 장수한다.
영양가 있는 오만가지 좋은 음식을 먹었어도 승용차만 타고 걷는 시간이 적어서 복부 비만이 되고 운동을 하지 않아 결국엔 각종 성인병에 시달리다 사망한다.

세계 장수촌인 블루존의 사람들은 100세 이상의 노인들이 많은데 이들은 평생 산과 들에 나가 일하며 걸어 다녔기 때문이다.

야생동물과 사육하는 가축과의 수명 차이도 야생토끼는 온종일 뛰어다녀 15년을 살지만, 집에서 기르는 토끼는 우리 안에 갇혀 있어 5년밖에 살지 못하여 10년의 차이가 난다.

또한, 들개는 27년을 살지만, 집에서 기르는 개는 13년밖에 살지 못하여 평균 14년의 수명 차이가 난다.

야생코끼리도 200년을 살며 동물원 우리 안에 가두어 기르는 코끼리는 80년을 살고, 들소는 60년을 살며 가축용으로 기르는 소는 20년도 살지 못한다.

사람도 마찬가지이다.

나이가 들었어도 사회활동을 꾸준히 하면서 소일거리를 하고 취미활동을 한 사람은 120세를 살 수 있지만 하는 일 없이 무위도식으로 놀기만 하면 70세가 넘어서부터 사망하는 사례가 많다.

심장과 혈관질환으로 사망하는 사람의 병은 동물성 지방을 많이 섭취하여 생기는 병이 아니고 걷지 않아 운동 부족으로 생기는 병이다.

인체는 움직이고 활용하여야 단련이 되고 발달한다. 쓰지 않으면 오히려 쇠약해지고 모든 기능이 퇴화한다.

혈기왕성한 청년이라도 팔다리가 부러져 깁스를 하였을 경우 기능을 제대로 쓰지 않아 근육이 위축되어 가늘어지고 한동안 물리치료로 회복시켜야 한다.
배설도 마찬가지로 움직이지 않으면 콩팥과 대장이 기능하지 못해 힘들어진다.
몸 안에 찌꺼기들이 원활하게 배출하지 못해 굳어져 변비나 담석증, 대장암과 같은 큰 병이 생긴다.

기계도 마찬가지로 자주 움직여주고 다뤄줘야 녹슬지 않는 것처럼 사람이 움직임이 적으면 모든 신체기능이 무뎌지게 마련이다.
자신의 건강은 누구도 대신할 수 없으므로 많이 움직여서 스스로 관리해야 한다.
바쁜 현대인들은 직장에서 있는 시간이 많아 움직임이 적어 퇴근 후나 주말이면 헬스장에서 운동한다.
그마저도 힘든 상황이면 가족 모두가 사용하기 좋은 런닝머신으로 하루 20~30분 정도 운동하면서 자기관리를 한다.

런닝머신은 자기의 속도에 맞추어 알맞게 조절할 수가 있고 보폭을 최대한 넓게 하여 뛰면 체중 감량과 다이어트 효과도 얻을 수 있다.
걷기와 달리기를 하면서 혈액순환으로 인해 심혈관을

강화시켜 심장질환의 위험을 낮춰주어 체력단련에 도움이 된다.

런닝머신을 꾸준히 한 사람은 체력에서 현저한 차이를 보여 먼 거리도 힘들지 않게 걷게 되고 허벅지와 종아리 근육에 힘이 생겨 등산하더라도 지치지 않는다.
신체 전반에 걸쳐 안정성과 이동성을 지원하게 되므로 지혜롭게 곱게 늙어가는 실버가 될 수 있다.

하루에 30분씩 꾸준히 걸으면
치매 예방이 된다. 근육이 생긴다. 심장이 좋아진다. 혈압을 낮춰준다. 기분전환이 되어 우울증을 예방한다. 눈이 피로하지 않아 녹내장이 생기지 않는다. 체중 관리가 된다. 근육이 강화된다. 당뇨 수치를 조절해 준다. 소화가 잘 되어 식욕이 좋아진다. 폐가 건강해진다. 척추가 곧아져 관절염을 예방한다.

걷기 운동 다음으로 추천할 만한 운동은 춤이다.
노인들이 격렬하지 않으면서 움직임이 많아 몸에 무리가 되지 않고 경쾌한 음악에 맞춰 스탭을 밟으면 지루하지 않은 운동이다.
춤은 노년의 설레임이 청춘으로 돌아간 듯한 기쁨을 주고 가슴 두근거림이 마냥 즐겁게 한다.
많은 돈이 들지 않아 가볍게 즐길 수 있는 곳이 콜라텍이다.

처음에 입문한 초보 병아리는 60대는 6개월 70대는 7개월 80대는 8개월 정도 배워야 하고 부루스, 지루박, 트로트 3가지 정도의 사교춤을 배울 수 있다.
춤을 배우려면 개인교습소에서 수강료 40~50만 원을 투자하여 배우기도 하고, 노인 복지관이나 주민센터 문화 아카데미 등에서 저렴한 금액으로 4개월 (매주 1회 20,000원) 정도 수강할 수 있다.
개인교습소는 수강료가 비싼 대신 1:1 개인 교습을 받을 수 있고 수강료가 저렴한 곳은 단체 수업이므로 따라가기가 힘들 수 있다. 그 대신 한 학기가 끝나면 다시 배울 수 있어 4개월 후에 재신청하면 된다.

춤은 걸음만 걸을 수 있으면 나이에 상관없이 누구나 가능한 운동이다.

춤을 배우려면 상대방이 있어서 좋고 짝과 손을 맞잡고 춤을 추면 즐거워져 정서적으로도 좋다.
춤을 추기 위해서는 음악이 있어야 하는데 감미로운 음악의 선율에 맞춰 춤을 추다 보면 엔돌핀이 살아나는 기분을 느낀다.
몸을 많이 움직이다 보니 생각으로부터 자유로워지면서 복잡했던 마음이 편안하고 머리가 가벼워진다. 그래서 우울하고 무기력할 때 기분전환이 되어 춤은 최고의 명약이다.

춤을 오래 추다 보면 걸음을 만 보 이만 보 이상 걷게 되어 자연적으로 걷는 운동이 되는 동시에 즐거운 마음은 우울증과 치매 예방에도 효과적이다.
골프나 수영, 등산, 자전거 등 웬만한 운동은 비싸거나 준비해야 할 것이 많고 날씨에 영향을 받지만 춤을 추러 가는 콜라텍은 입장료 2,000원만 있으면 된다.

춤은 뇌를 활성화하는 운동이다.
춤은 이성과 함께하기 때문에 상대의 반응을 보고 생각을 하고 스탭을 잊지 않으려고 머리를 계속 쓰게 된다. 그러므로 뇌가 발달하여 인지기능을 좋게 하고 전신운동으로 치매를 예방하는 효과가 있다.
춤을 추는 사람과 그렇지 않은 사람의 행복지수도 차이

가 난다. 자기가 좋아하는 일을 하면서 즐거움을 찾기도 하겠지만 춤은 음악과 뗄 수 없으므로 스트레스를 받지 않기 때문이다.
활동량이 많은 만큼 식욕도 왕성해지고 식욕이 만큼 성욕 또한 생겨 이성과도 자연스럽게 애정이 생긴다.
나이답지 않게 혈기왕성한 삶이야말로 노년의 희망을 보게 된다.

콜라텍은 노년의 건강과 행복을 만드는 곳으로 실버들의 낙원이다.
바다 위 호화 여객선에서도 댄스 파트는 꼭 있어야 할 재미있는 프로그램으로 손꼽힌다.
노년에 외롭고 이성 친구와 즐거운 여생을 보내고 싶다면 영등포 원조 금마차 콜라텍을 추천한다. 김충석 대표(010-6218-8299)
금사보 회원이 되면 저렴한 레슨비로 친절하게 배울 수 있다.
앞으로 본 저자 전박사가 파트너를 정해주는 부킹남이 되어 만날 수 있다.

뇌 기능을 살리려면 춤 만한 운동이 없다.
노년의 희망을 느끼고 싶다면 춤 운동을 추천합니다.
식욕이 없고 / 의욕이 없고 / 성욕이 없다면
나이가 들어 뇌 기능이 저하된 것이다.
뇌가 나빠지면 몸도 약해진다.
육체는 뇌의 지배를 받기 때문이다.

금마차 콜라텍 메뉴표

안녕하세요? 즐거운 하루 보내시길 기원합니다.
―금·사·모·회―

금마차를 입장하신 모든 분!
11시부터 식당에서·과일·천엽·생간·등 10일. 토요일. 설날에는. 홍어회 무침을 서비스로 드립니다!

오늘 추천메뉴

과메기 20.000원, 김치찌개 전골 20.000원
곱창전골 35.000원, 생물 꽃게탕 25,000원
삼계탕(닭 한마리) 20,000원,
돼지껍데기 10.000원,
소 천엽 소. 10.000원 중. 20.000원
식당에서
바나나 한 접시, 낭 드시는 분 떡국 사리, 한방약초 술 한 잔, 한방약초 끓인 물을 서비스로 드실 수 있습니다.

한 분 두 분 오셔서 부담 없이 드실 수 있는
오늘의 안주 10.000원
금산 인삼 한 접시, 돼지 껍데기, 번데기 볶음, 닭똥집 양념 볶음을 준비했습니다.

A밴드 : 내 영혼의 여인. 원일이 단장!
B밴드 : 오 갈까. 유연숙 단장!
풀 생음악으로 연주하고 있습니다.

여성부 킹3분! 정성스럽게 부킹해 드립니다.
사랑하는 모든 분의 모임은 매주 금요일! 무료입장!

11시부터 식당에서 과일, 소 천엽, 생간, 한방 보약주 술 한 잔, 한방 약초 물, 등을 서비스로 준비하오니 지인분들께 많은 전달 바라며 꼭 오셔서 즐거운 시간되시길 바랍니다.

2월 29일까지 금.사.모.회.(평일 무료 입장권)은
식당에서 음식을 드시는 분만이 선착순 200분만 10.000원으로. 식당 카운터에서 구입할 수 있습니다.

자전적 실명 소설(무관의 제왕 돌석)의 주인공!, 전 프로 권투 비운의 복서 돌석!, 국내 최초 평화 통일 웅변 콘서트 2회 하고 세계 한국어 웅변대회 등에서 대통령상 수상 대통령기 쟁탈 3연패 한 웅변인!
금마차 콜라텍 매일 1시 20분 / 2시 30분 / 4시
매일 출연하오니 많은 사랑 부탁드립니다.
정성껏 최선을 다해 모시겠습니다!

4. 인간의 차이

 무엇이든 많이 보고 많이 듣는 것이 지혜의 첫걸음이다.
글에서 문구 한 구절을 읽고 충격적인 감동을 받았을 때 사람은 바뀌게 된다.
변하기 위해서는 반복된 습관을 만들어야 하고 습관은 미래의 나를 만들고 그것이 바로 내가 바라던 꿈을 이루게 된다.

오늘의 단순한 나를 위대한 나로 성장하려면 책을 많이 읽고 터득하여 지혜가 쌓여야 한다.
성인들의 말씀이 쓰인 성경, 불경, 공자의 논어의 공통적인 말은 우리 몸의 일부분인 작은 혀를 감추라고 하였다.
할 말이 있고 못 할 말이 있는데 말이 있으니 말을 가려할 줄 알아야 한다고 가르치고 있다.
지혜가 있는 자는 자신의 비밀이나 약점을 알고 잘 처

신하지만 어리석은 자는 자신의 혀로 상대방을 비방하며 말실수를 하여 자신의 약점을 드러낸다.

또한 어리석어 의견이 다르거나 귀에 거슬리는 소리에 다투게 되면 싸움으로 크게 번진다. 화가 나서 무심코 던진 막말이 상대의 가슴에 비수를 꽂아 평생 아물지 않는 상처로 남게 된다. 칼에 베인 상처는 아물면 낫지만, 말로 받은 상처는 지워지지 않는 법이다.

2,000년 전 동양의 성인으로 불리는 공자는 유교 사상을 바탕에 둔 <논어>를 저술하였다.
지금은 한글로 번역되어 남녀노소 누구나 읽기 쉽게 되어있어 가정에서는 꼭 읽어야 할 필독서로 꼽힌다.
공자의 말씀 중에 사람을 가려내는 교언영색(巧言令色)이라는 말이 있다.
교묘한 말과 예쁘게 꾸민 얼굴빛이라는 뜻으로, 다른 사람의 환심을 사기 위해 교묘하게 꾸며서 하는 말과 아첨하는 얼굴빛을 나타내는 말이다.
즉, 꾸민 말과 꾸민 얼굴로 그럴듯하게 잘 꾸며 남의 비위를 맞추는 사람은 진실한 사람이 적으므로 말로 아부하거나 간신배처럼 자신에게 이익이 없으면 배신한다는 말이다.
반대로 물욕에 빠지지 않고 과감한 용기가 있고 언행에

꾸밈이 없고 꾀를 부리지 않는 사람은 성품이 착하고 언행이 바르다.

옛날에 군자(君子)는 덕성과 교양을 겸비한 인격자를 지칭하는 말로 한마디로 예의 바르고 지식이 있는 선비 같은 인간상을 말한다.
군자는 몸가짐을 절제하며 언행에 무게가 있어 처신을 가볍게 하거나 말을 함부로 하지 않는다. 그러므로 자신보다 못한 자들과 어울리면 배울 점이 없어 자신이 잘못한 언행을 하여도 굳이 고칠 필요가 없어 지적하는 사람도 없으니 군자 되기를 원한다.

자신보다 뛰어나 배울점이 잇는 사람과 함께 하기를 좋아하고 잘못을 저지르면 반드시 인정하고 반성하는 사람은 악한 사람이 없다.
당신이 누구에게 진심으로 사과해 본 적이 인제인지 기억나지 않는다면 깊이 반성하며 뉘우쳐야 군자가 될 수 있어 리더로서의 자질을 갖춘다.
가난하다는 핑계로 글을 읽어서 뭐하냐며 말하는 사람을 허언하기가 쉽다.
말로 먹고사는 정치인, 종교지도자, 박사, 강사 중에 번지르르하게 말로 포장하는 사람은 마음속 깊이 진정한 지식을 쌓지 않은 사람이라 비난받는다.

배움이 있을수록 간절함을 더 크게 느껴 존경받는 군자가 될 수 있다. 잘 모르는 것은 정확히 알려고 하고 모자라는 것은 채우며 살아간다.
시대는 변하여 주어진 환경에 쉽게 적응하려면 최선을 다해 배우고 익혀야 한다.
배움을 게을리하는 사람치고 성실하고 일 잘한다고 인정받는 사람 없고 자기만의 참신한 아이디어와 노하우로 창조하지 못한다.
게으러 배우지 않으면 스스로 발전의 기회를 발로 차버리는 어리석은 사람이다.

누구나 가난하게 살길 원하는 사람은 없다.
뇌물을 받지 않고 청렴한 가난은 고결한 것으로 청백리(淸白吏)로 칭송받는다.
청백리를 보면 공직자는 두 다리를 쭉 펴고 마음 편하게 숙면하지만, 뇌물 받은 공직자는 늘 불안한 마음에 스트레스를 받아 건강을 해치고 만다.

뇌물로 풍족하고 호화롭게 사는 사람일수록 자신과 자기 자식밖에 모른다.
일가친척, 친구 주변의 모든 인맥을 관리하지 못하고 사회생활에도 참여하지 않으며 오로지 자기 재물로 무위도식하며 은둔생활을 한다. 그리고는 돈이 좀 있다고 갑질을 일삼으며 남을 낮추는 천박한 인간으로 변한다.

군자는 남이 인정하지 않아도 화내거나 부끄럼이 없어야 한다.
스스로 세상을 위해 쓰일 정도의 실력을 갖추었어도 진가를 알아보지 못해도 세상을 원망하지 않는다.
실력을 발휘 못 했다고 우울해 봐야 소용없음을 알고 때가 이르지 않았음을 인정하고 내공을 쌓기 위해 더욱 노력한다.

눈칫밥을 먹어본 사람은 얻어먹는 밥의 서러움을 잘 아는 법이다.
실력이 있어도 세상에 나가지 못했던 사람은 날개를 펴지 못하는 처지에 있는 인재를 알아보게 마련이다.
세상을 이해하는 데는 경험을 통해 길러져 가장 큰 힘을 발휘한다.
그렇다고 모든 경험을 직접 몸으로 겪을 수는 없다. 그래서 학문과 마음을 다스리는 철학 공부를 통해 지식과 지혜를 길러야 한다.
세상과 인간 그리고 생명에 관한 통찰력을 갖게 되면 더 많은 사람의 가슴속 이야기가 들리고 그들을 위해 해야 할 일을 발견한다.

오랜 인과관계에 관한 경험을 하면 상대방을 대하면서 그 사람의 속마음을 꿰뚫어 볼 수 있지만, 그리 녹록하지는 않다.
독서를 통해 좋은 글귀를 보고 지혜로운 생각을 하게 되고 지혜로운 생각은 어진 말로 이어지고 어진 말은 곧 선한 생각으로 드러나게 된다.
무릇 사람의 마음은 산천보다 더하고 사람을 아는 것은 하늘보다 더 어려운 것이다. 오로지 지혜의 철학은 다량의 독서를 통해서 비롯된다.
무릇 하늘은 봄 여름 가을 겨울 사계절과 아침저녁을 구별하지만, 사람의 얼굴은 꾸미는 얼굴과 깊은 감정 때문에 그 마음을 알기가 어렵다.

군자는 사람을 알기 위해
먼 곳으로 심부름을 시켜 그 충성을 보고
가까이 두고 그 곤경을 보며
번거로운 일을 시켜 그 재능을 보고
뜻밖의 질문을 던져 그 지혜를 보며
급한 약속을 하여 그 신용을 보고
재물을 맡겨 그 어둠을 보며
위급함을 알려 그 절개를 보고
술에 취하게 하여 그 절도를 보며
남녀를 섞어놓아 그 이성에 대한 자세를 본다.

전 세계 인구 80억 명의 지문이 다 다르고 얼굴이 다 제각각 다르듯이 생각이 다르고 성격도 각양각색 모두가 다르다. 그러다 보니 인품도 건강 상태도 똑같은 사람은 아무도 없이 천층만층이다.
절친한 친구 사이도 마음이 맞지 않아 멀어지기도 하고 콩깍지가 씌어 죽자 살자 하다가도 3년쯤 유통기한이 지나면 언제 그랬냐는 듯이 심드렁해진다.
인간이 한평생 사는 동안 산전수전 다 겪기도 하는 것이지 꽃길만 걸을 수는 없다.

봉건주의 시대에는 계급사회가 존재하였으며 이러한 계급은 사람의 삶의 질도 나누어진다.
①귀족층 - 왕실, 백작
②상류층 - 양반, 관리
③중류층 - 평민, 백성
④하류층 - 빈민, 풀뿌리
⑤천민층 - 노예, 종놈
계급사회는 인간의 인권이 존재하지 않던 시절 계급 간의 분리가 되어있었다.
귀족층과 상류층의 경우는 인간답고 귀티나게 일생을 보내지만, 중류층 이하의 계층은 배우지 못하여 알 권리조차 없었다.

문명이 발달한 현대 자본주의 사회는 학식이 높거나 직업이나 부유층에서는 그들만의 계급이 존재한다.
세상의 이치나 도리를 아느냐 모르느냐에 따라서도 지배를 하느냐 지배를 받느냐로 나뉘기도 한다.
천대받는 인생일수록 자신을 돌아봐야 하고 자기발전 없이 성장하려는 노력도 하지 않는다면 평생 피지배층으로 남아야 한다.

필자가 단골로 다니는 이발소 사장은 아파트 단지 내에서 1인 사업을 운영하는 사람이다.
문을 열고 들어가면 담배를 피우다가 눈만 꿈뻑거리고 인사 한마디도 없이 쳐다보기만 한다.
그런 식으로 운영해서인지 늘 손님이 없어 냉기가 도니 오후 3시 정도면 문을 닫고 칼같이 퇴근한다.
시간이 맞지 않으면 미리 전화라도 하고 가려고 여러 번 전화번호를 알려달라고 해도 절대 가르쳐 주질 않는다.
왜 안 가르쳐 주냐고 물으면 자기는 전화 받질 않고 할 때만 사용한다고 한다.
그래서 늘 문이 닫혀있어 여러 번 헛걸음 하였다.
수년간 3주에 한 번씩 다녔지만 말한 번 섞지 않아서 성씨조차 모르고 언제인가는 책이나 보시라고 하면서 가방에서 책 한 권을 꺼내주면 질겁을 하며 손사래를

친다.
책 같은 건 안보니 가져가라고 책을 보며 무슨 벌레 보듯이 대한다.

이발사를 보며 느낀 것은 이렇게 읽지도 않고 느끼지도 못해서 자기 성장이 부족하니 행복해 보이지 않았다.
사람은 읽는 대로 자기 것이 되는 법인데 왜 나이가 먹도록 저렇게 사회와 단절하고 살까 싶어서 안타까운 마음마저 들었다.
행복은 누가 주는 것이 아니라 자신이 만들어가는 것이다.
이발사처럼 60이 넘어도 배우지 않으려 하고 느끼지 못하면 인생을 너무 허무하게 사는 것이고 '꼰대' 소리나 들으며 무시당하는 삶이 된다.

자존감이 낮은 사람일수록 고집이 세다.
고집스러운 사람은 자신의 잘못을 절대 인정하지 않는데 이런 사람은 벽창호와 같아 가족마저도 대화하려 하지 않고 주변 사람들도 등을 돌린다.
저자도 발을 끊고 아래층에 있는 미장원으로 옮길 수밖에 없었다.

지혜로운 사람은 강태공처럼 평생 책을 읽어 모든 것이

한눈에 보일 만큼 내공이 쌓인 사람이다.
강태공은 80세까지 책을 읽으며 강에 나가서는 낚싯바늘 없이 낚싯대만 강물에 던지고는 명상을 하였다. 누가 보면 아무 일도 안 하는 사람처럼 보였지만 그는 긴 세월 동안 많은 생각을 하며 세상을 보는 눈이 생겼다. 많은 지혜와 철학을 수련한 마음가짐으로 때를 만나 80세가 넘어 재상이 되고 급기야는 왕의 자리에까지 오르다가 160세에 세상을 떠났다.

살다 보면 길이 보이지 않을 때가 있다.
원망하지 말고 기다려라.
눈이 덮였다고 길이 없어진 것이 아니요
어둠에 묻혔다고 길이 사라진 것도 아니다.
묵묵히 빗자루를 들고 치우다 보면
새벽과 함께 나타날 것이다.
가장 넓은 길은 언제나 내 마음속에 있다.
<가장 넓은 길>이라는 양광모 시인의 시를 보면 세상은 내가 하기 나름이고 어떻게 생각하느냐가 중요하다는 것을 느끼게 해준다.
세상이 만들어 놓은 틀에 나를 맞추고 기준에 맞추기보다는 나이가 들어도 별 고민 없이 나의 삶에 집중해야 한다.

나이가 들어도 독서 해야 하는 이유는 지혜의 힘이 생기고 그 힘은 자신을 지탱해주는 버팀목이 되기 때문이다.
①더 건강해지는 길을 배우게 된다.
②더 젊어지는 법을 알게 된다.
③더 오래 사는 장수의 길을 가르쳐준다.
④더 노후에 즐겁고 행복한 법을 알게 된다.
⑤더 존경받고 칭송받는 어르신으로 대접받는다.

인간관계는
내가 좋은 사람이면 좋은 사람을 만나게 되고
내가 따뜻한 사람이면 따뜻한 사람을 만나게 된다.
가는 말이 고와야 오는 말이 곱다는 말처럼 세상의 이치는 상대적이기 때문이다.
당신이 따뜻하게 상대하므로 상대도 당신을 따뜻한 사람으로 느끼는 깃이다.
좋은 사람을 못 만나는 것은 스스로 상대를 어떻게 대하는지 되돌아봐야 한다.
사람을 대할 때는 겸손하고 정중해야 하며 솔직해야 한다.
가족, 친구, 사회생활을 할 때도 반갑고 따뜻하게 대하면 오랫동안 마음속 깊이 기억된다. 늘 그 사람이 떠오르면 포근해진다.

가족같이 친구가 중요한 이유는 오랫동안 사귀어서 서로를 이해하고 임의롭기 때문이다.
해묵은 나무같이 늘 그 자리에서 80년이 지나도 항상 든든한 게 친구이다.
특별한 일이 없어도 가끔 만나도 밥 한번 먹고 얼굴 한번 보는 것인데도 불원천리(不遠千里)를 달려온다.
그중에는 향나무처럼 은은한 향을 내거나 은행나무처럼 넉넉한 친구가 있고 소나무처럼 변치 않는 친구가 있으며 아카시아처럼 잔정이 많은 친구가 있다.
연륜이 묵은 정속에 오해든 이해든 서로에게 바랄 수 있는 친구는 익어가는 나이에 정말 정들고 소중하다.
80이 넘어도 친구를 만날 생각에 가슴이 설레고 행복하다.

정이 있고, 인간미가 있고, 성품이 원만한 친구를 만나면 자주 보고 싶고 하루가 참 행복하다.
나이 들어 열 명의 친구가 있으면 노년이 즐겁다.
①건강 관리와 자기관리가 철저한 친구
②성격이 까칠하지 않은 낙천적인 친구
③아는 것이 많아 재미있는 친구
④마음이 맞아서 등산, 여행 등 취미를 같이하는 친구
⑤마음이 긍정적인 친구
⑥언제든 만나자면 달려와 주는 친구

⑦모임마다 **빠**지지 않고 참석하는 친구
⑧관심사가 통하는 친구
⑨나이가 나보다 젊거나 배울 점이 많은 친구
⑩인색하지 않아 지갑을 열 줄 아는 친구

사람은 언제나 반드시 죽는다.
죽을 때는 혼자 죽으며 머리털 한 올도 가져가지 못한다.
언제 죽을지 모르며 어디서 죽을지 무엇 때문에 죽는지도 모른다.
그러니 인생은 한 치 앞도 내다볼 수 없다. 그리고 비밀도 없고 공짜도 없다.
일생을 사는 동안 꽃길이든 가시덤불이든 해치고 지나가는 세월은 흘러 나이가 많아지고 점점 숨이 차온다.

사람이 죽을 때는 심장이 먼저 멈추고 숨을 거둔다.
남을 구하기 위해 심폐소생술을 배웠지만 정작 자신이 숨을 거둘 때는 써먹지 못한다.
숨을 거둘 때 후회할 일이 많지 않고 남은 이들이 슬퍼하며 눈물 흘려 줄 친구가 있다면 잘 산 삶이다.

5. 귀티나게 곱게 익어가려면

 인간은 얼마나 오래 살았느냐가 중요한 것이 아니라 어떻게 살았느냐가 중요하다.
즉, 얼마나 나잇값을 하며 올바로 살고 귀티나게 익어가는지가 중요하다.
사람은 누구나 추하게 늙는 것을 바라지 않으면서 어떻게 사는지 되돌아보지 않는다.

노년에 행복하려면
①몸이 불편한 데가 없어야 한다.
②매월 300만 원 정도 돈이 있어야 한다.
③배우자와 동행해야 한다.
④친구나 이성 친구가 있어야 한다.
⑤모임이나 사회 참여를 해야 한다.
⑥세상의 변화에 따라갈 수 있어야 한다.
⑦취미 생활을 하여 즐거움이 있어야 한다.
⑧재충전을 위해 여행을 즐겨야 한다.

⑨식도락으로 미식가가 된다.
⑩새로운 것에 도전하여 성취감을 느낀다.

나이가 들면 성인병은 물론 피부의 주름과 잡티 그리고 노안으로 시력저하 골다공증, 탈모, 불면증이 생기는 것을 노화라고 한다.
이런 현상들이 오기 전에 미리 예방하고 줄여나가면 **훨씬 젊어지고 귀티가 난다.**
노화를 늦추는 것은 운동만 한다고 되는 것이 아니고 60대 이후에도 피부 세포가 건조해지므로 꾸준한 관리가 중요하다.

수분이 부족하면 피부뿐만 아니라 몸속의 혈액순환과 신체기관에도 충분히 공급하지 못해 세포가 정상적으로 작동하지 못하여 노화를 가속 시킨다.
수분 부속으로 인해 신제기능 감소는 다양하게 나타나는데 **뼈** 밀도가 감소하여 골다공증이 생기거나 세포의 활동을 감소시켜 근육량과 힘을 악화시킬 수 있다. 여성의 경우는 자궁과 난소의 기능이 떨어져 부인병이 생긴다.
치매 또한 뇌에 수분이 부족하여 생기는 원인 중의 하나이다.
장수를 결정하는데 그만큼 수분이 중요하여 건조해지지

앓도록 해야 한다.

세포가 건조하면
①책장을 넘길 때 손가락에 침을 묻혀 넘기게 된다.
②떡을 먹다가 목에 걸리게 된다.
③위가 더부룩하고 소화가 잘 안 된다.
④흰머리가 푸석하며 탈모가 심하다.
⑤갈증이 심하다.
⑥아랫배가 나오고 다리가 가늘다.
⑦피부가 땅기고 거칠다.
⑧술 마신 후 숙취가 심하다.
⑨비 오고 습한 날에는 몸이 쑤신다.
⑩찬 곳에 있으면 머리가 아프다.
⑪땀을 많이 흘린다.
⑫비만으로 체중이 불어난다.
⑬쥐가 자주 난다.

세포가 건조하지 않게 신체기능을 강화하려면
①많이 먹으면 신장에 무리가 되므로 소식한다.
②물을 자주 마신다.
③당근과 사과 주스를 마시면 신장에 좋다.
④생강차와 홍차를 마시면 심장에 좋다.
⑤황노화 식사법으로 배설기능을 높인다.

⑥저녁 식사 후 12시간을 공복 상태를 유지해야 한다.
⑦따뜻한 음식을 먹고 찬 음식을 피한다.
⑧에어컨과 선풍기를 멀리한다.
⑨옷을 따뜻하게 입어 체온을 유지한다.
⑩찜질이나 사우나를 오래 하지 말아야 한다.

세포가 건조하다는 것은 노화의 주된 원인이 되므로 좋은 습관으로 생활한다면 20년은 더 노화를 늦출 수 있다.
몸은 마음을 따라가므로 마음을 어떻게 먹느냐에 따라 건강이 달라진다.
볼 수도 만질 수도 없는 것이 마음이지만 사람을 움직일 수 있는 것도 마음이기 때문이다.
'나는 그런 사람이 되고 싶다'라고 생각하면 오늘 그런 사람을 만날 기회를 얻고 나 또한 달라진다.

꾸미지 않아도 편안한 사람이 좋다.
말을 잘하지 않아도 선한 눈웃음에 정이 가는 사람
장미꽃처럼 화려하지 않아도 풀꽃처럼 온화하고 따뜻한 사람
마음이 힘든 날엔 그 사람을 떠올리면 그냥 마음이 편안하고 위로가 되는 사람
사는 게 바빠 자주 연락하지 못해도 서운하지 않고 말

없이 기다려주는 사람
내 속을 하나에서 열까지 다 드러내지 않아도 짐짓 헤아려 너그러이 이해해 주는 사람
한 번 사귄 마음 쉽사리 변치 않고 사랑의 마음에 중점을 두는 사람이 향기가 묻어 나와 좋다.
여러 풍파에도 늘 변함없고 한결같은 사람 그런 사람이 되고 싶어야 한다.

누군가와 함께라면 갈 길이 아무리 멀어도 갈 수 있는 사람.
폭풍우가 내리치는 들판도 지날 수 있고 파도치는 위험한 바다도 건널 수 있고 험악한 높은 산도 넘어 함께 갈 수 있는 사람.
나 혼자가 아니고 누군가와 함께라면 손 내밀어 잡아주고 몸으로 막아주고 마음으로 사랑하면 갈 길도 끝까지 갈 수 있다.

이 세상은 혼자 살기에 너무나 힘든 곳이다.
동행의 기쁨과 위로가 있어야 한다.
우리의 험난한 인생길 손을 잡으면 마음까지 따뜻해지는 그런 사람과 함께라면 좋다.

인생은 상황에 따라 변하게 된다.

고상한 사람을 만나면 오랜만이라고 차 한잔합시다. 말하게 되고
반가운 친구를 만나면 반갑다며 술 한잔하자고 하지만 사랑하는 여인을 만나면 어디라도 좋다.

인생을 사는 동안 수많은 사람을 만나게 된다.
내가 어떻게 하느냐에 따라 상대방이 나를 대하게 되어 내가 무시하면 나를 멸시하게 된다.
오랜만에 만났는데도 차나 술도 하자는 말이 없으면 거리감을 느끼는 것이다.
그러니 언제나 사람을 대할 때는 진정성 있게 대하여야 하고 그래야 호감 가는 사람이 될 수 있다.
자신을 잘 관리하는 사람은 사회생활도 소홀하지 않는다.
늘 외모에 신경을 써 대인관계에도 정중함을 잃지 않는다. 정중함은 겸손하게 나를 낮추면서 인품을 높이는 것이다.

나이가 많아도 귀티나게 곱게 늙어가는 사람은 감옥같은 요양원에서 죽을 날을 기다리지 않는다.
인간은 몸이 아니라 감정이 먼저 늙어 감정이 늙으면 아름다운 것을 보아도 감동을 못 느끼고 기쁜 일이 있어도 감격하지 않는다.

그런 노인은 노화 속도가 빨라져 우울해지고 주름이 늘면서 모든 말과 행동에서 노인의 모습이 역력해진다.
감정이 늙어가는 것에는 여러 가지 징조가 있는데 웃음이 사라지고 눈물이 메마르고 말수가 없어지며 표정이 어둡고 사나워진다. 열정이 식으니 의욕이 사라지고 매사가 귀찮고 게을러진다.

젊어서부터 감정이 메말랐다면 다른 사람들보다 노화가 빨리 찾아온다.
남자보다 여자가 오래 사는 이유도 여자는 공감 능력과 감성이 뛰어나고 자기감정에 솔직하기 때문이다.
빨리 늙고 싶지 않고 우아하고 곱게 나이 들고 싶다면 더 많이 웃고, 더 많이 울고, 더 많이 즐거운 마음을 표현해야 한다.
감정이 풍부하고 긍정적인 사람일수록 더 건강하게 오래 살며 더 행복하게 산다는 것은 모두가 아는 말이다.

의학계에서도 사람의 오장육부가 노화에 민감한 것들은 피하는 것이 좋다.
위장은 차가운 것을 두려워한다.
심장은 짠 음식을 두려워한다.
폐는 이산화질소와 같은 환경오염을 두려워한다.
콩팥은 불면증을 두려워한다.

담낭은 아침 식사를 거르는 것을 두려워한다.
비장은 섭생을 가리지 않는 것을 두려워한다.
췌장은 과식을 두려워한다.
그리고 만병을 부르는 것은 몸을 차게 하고 찬 음식을 먹으면 40세 이후부터는 성인병을 비롯해 암이 생길 확률이 높다.

만수무강의 3대 조건은
①균형 잡힌 식사
②늘 움직이는 운동 습관
③매일 8시간씩 숙면
건강은 건강할 때 지켜야 하며 젊어서부터 바른 생활 습관을 몸에 익혀야 지혜로운 사람으로 장수할 수 있다.
만수무강에 가장 중요한 것 중 하나이자 중요한 것은 식습관이다.
아침에 먹는 사과와 당근은 몸을 따뜻하게 해준다.
말도 힘이 좋고 미끈한 말일수록 당근을 많이 먹여 잘 뛴다.
시원한 찬물을 마시고 싶어도 자제하고 여섯 가지 식품으로 만든 *'불로장생'* 꿀차를 마시는 것이 좋다.

생활 습관도 힘들이지 않고 늘 할 수 있는 것으로 하는 것이 좋다.
따뜻한 물로 매일 샤워하는 것은 몸을 따뜻하게 만들어주고 노폐물을 배출하여 면역력을 유지해준다.
밖으로 나가 무조건 걷는 것은 우리 몸의 70%를 차지하는 근육의 혈액순환을 돕고 근육의 열을 촉진시켜 힘을 길러준다.

병이 없어야 나이를 먹어도 활력이 넘쳐 의욕이 생기고 자신감 있는 모습으로 곱게 보인다.
이런 노인은 요양원에 갈 일이 없다.
노인이 되면 누구나 다 똑같고 외모가 무슨 소용이냐고 하지만 건강미 넘쳐 젊어 보이는 사람을 부러워한다.
그래서 나이 들어도 귀티 나는 사람은 무시하지도 않고 친절하게 대하여 사람대접을 받는다.

외모는 생김새도 중요하지만, 얼마만큼 잘 꾸미느냐를 보고 자기관리를 잘하는 사람인지 여부를 알 수 있어 경쟁력으로 자리 잡는다.
짧은 시간에 상대방을 판단하고 결정짓는 면접시험뿐만 아니라, 직장인에게 있어서 고객과의 관계에서도 외적 이미지가 만남의 성공과 실패를 결정짓는 중요한 요소 중 하나로 작용하고 있기 때문이다.

이목구비나 생김새가 예쁘다고 해서 얼굴 이미지가 다 좋아 보이는 것은 아니다. 아무리 얼굴 생김새가 예뻐도 왠지 날카롭고 거리감이 느껴지는 경우가 있는가 하면 그리 예쁘지는 않지만 온화하고 정이 가는 사람들도 많다. 얼굴은 그 사람의 '얼이 통하는 곳' 또는 '영혼이 통하는 곳'이라는 뜻으로 일컬어지는 것처럼 생각이나 감정 상태, 마음가짐에 따라 수시로 변한다.

미국의 성공 철학자 지그 지글러는 "외모를 단장하라. 그러면 자기에 대한 이미지가 한결 긍정적으로 될 것이며 당신의 외모가 이미지뿐만 아니라 업무수행능력도 향상시킬 것이다."라고 하였다. 최근 이와 관련된 국내외 논문들을 보면 대다수 직장인이 외모에 대한 자신감이 높을수록 대인관계에도 적극적이고 자존감도 높은 것으로 나타났다. 또한 외모를 가꾸는데 적극적인 사람은 성격도 적극적이고 업무에 임하는 태도도 긍정적인 것으로 나타났다.

세상이 변했다고 해도 아직까지는 속이 텅 빈 여자라도 얼굴이 예쁘면 일에 있어서 우선순위를 갖는 것을 보면 외모가 중요하다고 여긴다.
자세도 중요하여 귀족처럼 보이는 사람은 허리가 쭉 펴져 있어 자신감 있어 보인다.

사람의 일생은 결국 사람의 품격이 그 사람을 좌우하므로 자기 자신을 어떻게 만들어가느냐가 중요하다.

귀티 나는 사람을 보면 어떻게 생활하는지 보고 배울 필요성이 있다.
일상적인 습관이 청결하다. 주변을 깔끔하게 정리한다. 자신에게 어울리는 패션을 잘 안다. 자세와 동작에서 자신감이 있어 멋있다. 말을 통해서 그 사람의 향기 나는 인격이 드러난다. 상대방의 말을 경청한다. 상대방에게 반말하지 않고 정중하게 대한다. 말을 빨리하거나 큰소리를 내지 않는다. 사람을 공평하게 대한다. 여유있고 침착하다. 겉 보습만 보고 사람을 판단하지 않는다. 늙어도 깔끔하고 멋있다. 겉치레하지 않는다. 성형으로 외모를 꾸미지 않아도 표정이 밝고 선해 보인다. 긍정적인 사고방식을 가지고 있다.

나이가 들수록 외모가 중요하다.
내 몸 하나 가꾸지 못하는 사람을 좋아할 사람은 없다. 외모에서부터 호감이 들면 그 사람이 무엇을 해도 좋게 보인다.
사진을 보이며 아이들에게 누가 좋으냐고 물었더니 키가 크고, 피부가 하얗고 잘생긴 사람을 꼽은 걸 보면 누구라도 잘난 사람을 싫어하지 않는다. 그런 사람이 기억 속에도 오래 남는 법이다.

나이가 들어서 젊게 입으면 나이답지 못하다고 비평하는 사람도 있지만, 인위적으로 현란하게 꾸민 게 아니라면 모두가 젊어 보인다고 말한다.
과하지 않게 밝은 옷차림은 자신감이 생기고 외출할 때 훨씬 기분이 업이 된다.
동물만 하더라도 닭, 사자, 사슴 등 수컷은 화려하고 잘생겼다.
암컷을 유혹하기 위해서이기도 하지만 화려하게 꾸민 수컷이 서열이 높기 때문이다.

하지만 사람은 여자들이 화장하고 더 화려하게 꾸민다.
여성의 가임기 때 생리적으로 더 아름다워지는데 남자를 붙잡아 두기 위함이다.
짐승은 짝짓기 후에 암컷이 수태하면 수컷이 떠나지만, 인간은 여성이 남성을 떠나지 못하게 붙잡아 둔다.

남성의 외모도 중요하지만, 여성들도 외모를 가꿀 줄 알아야 한다.
날씬하게 몸을 유지하는 것도 중요하고 여성의 전유물인 화장도 하며 관리해야 한다.
아내가 머리를 다듬고 화장을 하고 예쁜 옷을 차려입으

면 남편은 싫어할 리가 없다.

남편이 외도하는 이유는 아내의 외모가 지저분하거나 건강하지 않을 때, 화장도 안 하고 가꾸지 않을 때, 성격이 포악할 때, 말이 많아서 일 때이다.

남자들은 단순하여 우선 외모가 예쁘면 모든 것이 묻혀 단점이 잘 보이지 않는다.

여성은 분위기를 중요하게 여기지만 남성은 시각적이어서 우선 눈으로 좋으면 다 좋아 보인다.

나이 많은 할아버지가 늘씬하게 미니스커트 입은 아가씨를 보며 눈을 떼지 못하는 건 할아버지도 남자이기 때문이다.

6. 친구와의 우정이란 이런 것이다.

 나를 위해 눈물 흘려주는 진실한 친구 하나만 내 옆에 있어도 성공한 인생이라는 말이 있다.
이영식이 친구 김철수에게 물었다.
"너는 나를 위해 목숨 내놓을 수 있어?"
그러자 철수는 "그럼 물론이지" 하고 대답했다.
그러자 영식이 다시 물었다.
"그럼 네 여자친구도 내게 줄 수 있어?"
그러자 철수는 "너에게 필요한 여자라면 줄 수 있지"라고 대답하자 고맙다면서 철수의 여자친구와 영식이 결혼하게 되었다.

그러던 어느 날, 잘나가던 철수가 그만 사업이 부도가 나서 망하고 말았다.
그래서 친구 영식에게 도움을 청하러 갔지만, 영식이는 직원에게 자신이 없다고 하라면서 거짓말을 시켰다.
그 말을 들은 철수는 낙담하여 영식이와는 안 만나기로

굳게 결심했다.
한참이 흐르고 철수는 길을 가다 길에 쓰러진 할아버지를 도와 병원까지 부축하였고 진료를 받게 하였다.
이후 건강을 되찾은 할아버지는 철수에게 고마움을 표하고 자신이 신분을 밝히며 자신의 재산을 은인인 철수에게 주었다.
그 후 철수는 그 돈으로 힘을 얻어 사업을 재기하였다.

그리고 어느 날 어느 할머니 한 분이 가사도우미로 본인을 써 달라며 부탁하였다.
철수는 보기에 불쌍하여 할머니의 부탁을 들어주고 아들과 어머니처럼 사이좋게 지냈다.
철수는 사업도 잘되고 안정적일 무렵 가정부 할머니가 아들같은 주인에게 좋은 처녀가 있으니 중신을 하겠다고 나섰다.

철수는 애인을 영식에게 주고 나서 노총각으로 지내는 처지였으므로 할머니가 주선하는 자리에 나가게 되었다.
마주한 아가씨를 한눈에 반하여 철수는 결혼까지 하게 되었다.
결혼식에는 괘씸한 영식을 빼고 주변 사람을 다 초청하려고 했지만, 옛정이 생각나서 영식도 초대하여 성대하게 치렀다.

결혼식 피로연에서 철수가 마이크를 잡고 말하였다.
"저에게는 둘도 없는 아주 친한 친구가 있습니다. 저는 그 친구를 위해서 제 여자친구까지 포기하고 그 친구에게 보냈습니다. 하지만 그 친구는 제가 사업에 실패했을 때 저를 냉대하며 모른 척하며 배신을 하여 괴로웠습니다. 그러나 저는 그 친구를 잊지 못하여 오늘 저의 결혼식에 초대하여 이 자리에 있습니다." 뒷자리에 있는 영식을 향해 손가락으로 가리켰다.

그러자 듣고 있던 영식이 일어나며 앞으로 걸어 나와 마이크를 잡고 이렇게 말하였다.
"저에게는 아주 친한 친구가 있습니다. 그 친구는 자신이 사랑하던 여인이 창녀인 줄도 모르고 사귀고 있기에 그 친구의 앞날을 위해 그 친구의 여자와 결혼했던 것입니다. 그리고 잘나가던 친구가 사업에 실패하여 일자리를 부탁하러 저를 찾아왔으나 소중한 제 친구의 자존심이 상처 날 것 같아서 제 부하직원으로 둘 수 없기에 피하고 만나지 않았던 것입니다. 부모님들은 제각각 시골에 사셔서 서로의 부모님 얼굴을 뵌 적이 없어 잘 몰랐습니다. 그래서 저는 제 아버지께 부탁하여 길에 쓰러진 척하고 그 친구가 구해주게 만들어 저의 재산을 그 친구에게 주었습니다. 또한 우리 어머니를 그 친구의 가정부로 들어가게 하고 저의 친여동생을 친구와 결혼 하게 만들었습니다. 바로 이 자리에 있는 신부가 제 여동생입니다."
그 순간 하객들의 우렁찬 박수 소리가 피로연장에 울려 퍼졌고 두 친구는 뜨겁게 뜨겁게 눈물을 흘리며 포옹을 하였다.

친구란 이런 것이라는 것을 조용히 생각해 본다.
진정한 친구가 단 한 명이라도 있는가!
다시 한번 자신이 작아지며 초라해진다.
진정한 친구란 항상 곁에서 만날 수 있는 사람이다.
위기에 처했을 때 새벽에 전화해도 모든 것을 내려놓고 달려와서 나를 도와줄 수 있는 사람이 진정한 친구이다.
친구는 내가 성공해도 시기하지 않고 축하해 주고 쓰러졌을 때도 내 손을 잡아 일으켜 줄 수 있는 사람이다.
내가 형편이 되면 최선을 다해 도와주고 시간이 걸려도 친구가 잘될 때까지 격려하며 기다려주는 친구가 진정한 친구이다.

말벗만 하는 친구!
술만 같이하는 술친구!

취미만 같이 하는 친구도 있지만, 서로에게 진정한 친구는 많지 않다.
진정한 친구의 정의는
①죽마고우(竹馬故友)로 초등학교 때부터 친구가 가장 임의로우며 흉허물이 없는 친구이다.
대학이나 사회에서 만난 친구는 세월이 지나면서 멀어지게 된다.
초등학교부터 80이 넘어도 항상 붙어 다니다시피 한 친구들과 수시로 만나서 술 한잔하면 그때의 동심으로 돌아가 옛날 추억으로 꽃을 피운다.
②언제나 만날 수 있는 사람이다.
비밀을 말하고 사생활까지도 스스럼없이 털어놓을 수 있는 임의로운 친구 언제나 내 편이 되어주는 친구 그래서 진정한 친구를 구하는 것은 정말 어렵지만 많은 것을 포기하면서까지 진정한 친구를 만드는 데는 그만한 가치가 있으며 나 또한 그런 친구인가 생각해 봐야 한다.

진정한 친구는 내 인생에서 오랫동안 함께한 사람이다.
진정한 친구는 긍정적인 에너지를 주며 삶의 질이 더 나아지게 만드는 사람이다.
진정한 친구는 웃음을 주는 재미난 사람이며 무엇이든 할 수 있다고 느끼게 해주는 사람이다.

진정한 친구는 나를 있는 그대로 받아주고 인정해주는 사람이다.
진정한 친구는 자신의 입맛대로 바꾸려 하지 않고 친구들 속에서 소속감을 느끼게 해주는 사람이다.
진정한 친구는 듣기 싫은 소리도 진실을 솔직하게 말해주는 사람이다.
진정한 친구는 조언을 아끼지 않고 비판도 소홀하지 않는 사람이다.

이렇게 좋은 친구는 저절로 생기는 게 아니다.
내가 먼저 다가가고 드러내야 상대방이 나와 좋은 친구가 되고 싶어 한다.
나 자신을 숨기고 감추면 결코 좋은 친구를 얻을 수 없다.
친구를 얻으려면 열린 마음을 가져야 한다.
내가 먼저 좋은 친구가 되어야 다른 사람이 인정하는 것이지 질투하고 없는 데서 흉보고 반갑게 대하지 않으면 적이 되어 돌아서므로 친구가 될 수 없다.

운이 좋게도 좋은 친구가 있으면 절대로 그 친구를 놓치지 말고 나도 그 이상의 좋은 친구가 되어야 영원한 친구가 된다.
부부간에도 예의가 있어야 하듯이 친구 간에도 예의를

지켜야 하며 그중에서 첫 번째가 말조심이다.
내가 한 말로 인해 듣는 사람이 상처를 받을 수 있으므로 같은 말이라도 무례하거나 배려 없는 말인지 인지해야 한다.
나의 말 한마디가 다른 사람에게 고통이나 분노의 감정을 경험하게 될 수 있다.

나도 모르게 욕설이나 조롱 섞인 말이나 모욕을 주는 말을 하게 되면 싸움이 된다. 상처 입은 말은 좀처럼 가시지 않고 오랫동안 잊혀지지가 않아 인간관계에서 결정적인 악영향을 불러온다.
세상은 놀랍게 변하여 모든 말이 녹음되는 세상이다.
한 번 뱉은 말은 녹음이 되어 빼도 박도 못하여 증거로 남는다.
돈 봉투 사건으로 국회의원 정치인 20여 명이 줄줄이 법정에 서게 되어 징역형으로 옥살이를 하는 것도 역시 말을 가리지 않았기 때문이다.
그러므로 죽자사자 좋았던 인간관계가 녹음된 증거로 인하여 사지로 몰아넣고 원수가 되어 끊어지게 된다.

우정은 친구 사이에 나누는 정서적 유대감을 말할 때 쓰이는 용어다. 동급생, 이웃, 직장동료, 지인보다 더 강한 형태의 대인관계이다.

우정에는 다양한 형태가 있지만 서로 함께 보내는 시간을 즐기고 서로에게 긍정적이고 지지적인 역할을 하는 특징을 이러한 유대관계에 공통적으로 적용된다.
때로는 친구란 가족과는 구별되고 연인과도 구별된다.
최근에는 우정이 건강에 미치는 영향에 대해 심도있는 연구결과가 나왔다.

친구가 없어 외로움과 고립된 60세 이상은 심장병 위험이 30%이고 뇌졸중의 위험도는 35% 높다고 한다.
정신과 의사의 말에 의하면 우정이 부족한 사람은 면역체계가 약해 감염과 질병에 대해 취약하다고 한다.
따라서 우정은 우울증과 불안증으로부터 보호할 수 있으며 전반적으로 건강에 기여할 수 있다.

좋은 우정을 쌓기 위해서 가장 중요한 부분은 '유지'이며 친구와 가족에게 정기적으로 연락하여 안부를 건네며 모임을 갖는 것이 좋다. 정기적인 교류를 할 때 솔직한 소통, 세심한 경험은 좋은 우정을 쌓기 위한 덕목이며 자신의 감정을 투명하게 표현하고 다른 사람의 말을 주의 깊게 경청해야 한다.

막역한 친구의 우정을 이해하기 위해 조선 시대에 절친한 친구 사이였던 '오성과 한음'의 이야기를 해보려고 한다.
두 사람은 조선 선조 때 인물로 어려서부터 소꿉친구로 장난이 심하고 기지가 뛰어났던 수많은 일화를 남겼다.

오성의 원래 이름은 이항복이며 한음의 이름은 이덕형이다.
오성(鰲城)은 이항복의 봉호인 오성 부원군에서 따왔고, 한음(漢陰)은 이덕형의 호다.
조선 중기의 문신으로 임진왜란이 일어났을 때 왜군을 물리치는 데 큰 활약을 했으며, 조선 최고의 벼슬인 영의정에 올랐다. 두 사람 모두 재주가 뛰어났고, 이항복이 다섯 살 위라는 나이 차이에도 불구하고 오랫동안 돈독한 우정을 나누었다.

이덕형의 아버지는 정2품 이민성이였고,
그는 영의정 이신해의 시위였다. 이덕형은 16세 때인 1577년 이산해의 삼촌 토정비결의 저자 이지함의 추천으로 영의정의 사위가 되었다.
이항복은 아버지 이몽량이 58세 때 본 늦둥이 막내로 태어났으며 권율의 사위이다. 이렇게 두 사람은 당대의 명사를 장인으로 두는 영광도 누렸다.

여러 일화 중 몇 가지만 말하자면

오성은 한음으로부터 전염병으로 한밤중에 일가족이 몰살하여 시체를 감정 해줄 것을 부탁받았다.
부탁받은 오성은 혼자 그 집에 이르러 시체를 감장 하던 중 한 시체가 벌떡 일어나 오성의 볼때기를 쥐어박는 바람에 혼비백산하였는데 알고 보니 시체인 체 누워 있던 한음의 장난이었다.

어느 날은 오성의 아버지가 오성의 담력을 시험하려고 한밤중에 외딴 숲속의 고목 나무 구멍에 무엇이 있는지 알아오라고 시키고 먼저 가서 나무 구멍 속에 숨어있다가 오성이 구멍 속으로 손을 넣을 때 안에서 그의 손을 잡았는데 오성은 놀라지 않고 가만히 있다가 체온이 느껴지자 귀신이 아니고 사람의 장난임을 알게 되었다.

오성이 한음의 부인과 정을 통했다고 한음에게 말하자 이 말을 들은 한음부인은 오성을 초청해서 만둣국 속에 똥을 넣어 오성에게 먹이고 거짓말하는 입에는 똥이 들어가야 한다고 말했다.

오성은 신붓감을 선보이려고 인절미를 해서 친구들에게 나누어 주고 몽둥이로 자기를 쫓으며 때리라고 시킨 뒤 도망치는 체하면서 신부의 치마 속으로 숨으려고 들어갔다. 신부는 이에 당황하지 않고 "선을 보려면 얼굴이

나 보시지 왜 속까지 선보려고 하십니까"라며 말했다.

장난스러운 일화를 양산해 내는 두 소년은 스승을 놀리는 것이 재미있어 서당에서 공부하다가 스승이 조는 것을 보고 불이 났다고 외쳐 스승을 깨웠다.
무안해진 스승은 잔 것이 아니라 공자님을 만나고 온 것이라고 변명했다.
그러자 이번에는 두 소년이 졸기 시작했다.
스승이 꾸짖으려 하자 두 소년은 자신들도 공자님을 뵙고 왔다고 말했다.

한음이 뛰어난 능력을 발휘하여 19세 어린나이에 과거 급제를 하였고 그 시험에서 오성도 급제하여 이때부터 임진왜란이 일어나기 전까지 순조롭고 화려한 출세를 구가했다.
임진왜린이 일어났을 때 한음은 31세에 이조 참판 겸 대제학(지금의 장관급)에 임명되었다.
임진왜란에서 한음이 세운 주요한 공로는 외교 분야에 집중되어 왜란 직후 그는 명나라에 청원사로 가서 원군을 요청하는 데 성공했다.
왜란 중에 이순신 장군이 모함으로 하복되자 그를 적극적으로 변호했고 임진왜란이 끝났을 때 이덕형의 나이는 37세의 젊은 대신이었다.

이들은 우국충정의 정신의 자세로 공무를 처리했고, 공과 사를 엄정하게 구별하고 중립적 태도를 취하여 당쟁에 휘말리지 않았다.
또한 청백리 정신 등으로 후세의 귀감이 되고 있으며, 특히 두 사람은 중요한 관직을 두루 거치면서 30여 년간 깊은 우정을 유지한 것으로 유명하다.
이들의 우정은 한음이 먼저 세상을 뜨자, 오성은 한걸음에 달려가서 손수 염을 하고 장례를 도와준 일화를 통하여 가늠할 수 있다. 어쨌든 오성과 한음은 우리나라 최고의 '우정 아이콘'으로 상징화되어 있음이 분명하다.

학문적으로나 예술적인 천재성은 부모의 유전자로부터 물려받는다. 명문가의 집안에서 태어난 오성과 한음도 두뇌가 뛰어나 창의적이고 유머러스함까지 갖추었다. 이렇게 콩 심은 데 콩 나고 팥 심은 데 팥 나듯이 오랜 세월이 지나도 DNA는 변하지 않는다.

7. 70세와 80세의 벽을 넘기면

 日本의 100세 이상의 노인 인구는
대체적으로 체구가 작고 소식을 하며 빈둥대지 않고 늘 움직이며 무엇이든 일을 하며 유유자적하는 사람이 없다.
유유자적이란?
속세를 떠나 아무 속박 없이 조용하고 편안하며 여유롭게 지내는 것을 말한다.
우리나라는 정년퇴직을 하면 유유자적하는 노인이 많아 세계 1위 장수국인 일본을 따라가지 못한다.

100세 이상 인구는
①일본 – 14만 6천 명
②미국 – 10만 8천 명
③중국 – 6만 명
④인도 – 4만 8천 명
⑤한국 – 1,000명 미만으로 100명 중 95명은 저세상으

로 가고 5명만 생존한다.
80대가 100명 중 70명이 저세상으로 가고 30명만이 생존하는데 80대에 건강이 좋으면 120세까지 장수할 가능성이 높다.
건강하게 살 수 있는 나이는 78세까지이므로 70~80대에는 동창이나 친구를 자주 만나서 즐겁게 지내고 우정을 나누어야 한다.

농촌에 사시는 80대 노인의 경우는 인지능력이 상대적으로 떨어져 병원에서 의료처치하는 법과 현재 상태를 이해시키는데 시간이 길어져 젊은 보호자와 함께 내원해야 한다.
고령화 시대에 보호자의 부재로 외래나 응급실에서 대처할 방안이 사회적으로 고민이다.
보호자가 없다면 병원 입원이나 수술도 어렵다.

고령화가 심해질수록 응급실은 과부화가 일어나고 악순환이 되므로 80세부터 인지능력이 악화하는 것은 죽음의 길로 한 발짝 더 앞서가는 일이다.
이런데도 자신을 지키려고 하지 않고 노인들은 사전에 인지능력을 높이려는 데에 무관심하다.

80대 할머니가 실종된 지 3일 만에 발견되었다.

야산에서 발견된 할머니는 인지능력이 떨어져 산에 올라갔다가 길을 잃어 헤매다가 쓰러져 잠이 들어 그대로 사망하였다.
노인들이 운전하다가 사고가 빈번한 것도 인지능력이 떨어졌기 때문이다. 생각하는 사고가 신체기능에 빠르게 전달되지 않아 순발력이 떨어져 0.5초 사이로 생사의 갈림길이 생기는 것이다.

70~80대에 인지능력이 좋은 노인들은 그동안 노력해온 결과 노인답지 않을 정도로 사고가 뛰어나다. 그런 노인은 100세가 넘어서까지 인지능력을 갖고 있다.
이렇게 같은 나이라도 20년 이상 차이를 보이는 것은 뇌 운동에 달려있다.
뇌 운동은 늘 신문이나 독서로 글을 읽고, 소일거리로 생각하고, 여행하면서 감동받거나 새로운 일을 도전하여 성취감이 생기는 것이다.
이런 생각과 감정 변화가 늘 있어야 만이 뇌가 맑아진다.
사람은 언제나 자신이 하기에 따라 운명이 갈린다.

우울한 사람은 과거에 살고,
불안한 사람은 미래에 살고,
편안한 사람은 현재에 산다.

읽고, 보고, 배운 만큼 사람이 되고
먹은대로 건강과 몸이 되고
마음먹은 대로 팔자가 된다.

창문을 열면 바람이 들어오고
마음을 열면 행복이 들어온다.
낮에는 활기찬 열정으로 일을 하고
저녁엔 편안한 마음으로 끝을 낸다.

오늘도 만들어가는 날이고
내일은 꿈과 희망이 있는 날이다.
꽃다운 얼굴은 한철에 불과하다.
꽃다운 마음은 평생을 지켜준다.
장미꽃 100송이는 열흘이면 시들지만,
마음꽃 한 송이는 백 년의 향기를 풍긴다.
건강할 때는 사랑과 행복만 보이고
허약할 때는 걱정과 슬픔만 보인다.

이렇듯 사람은 지혜로움에 따라 인생의 길이 다르다.
인생에 이 세 가지 즐거움은 꼭 따라온다.
①마음에 드는 좋은 책을 읽었을 때의 즐거움
②마음에 맞는 친구를 만나 술 한 잔 나누는 즐거움
③마음에 드는 곳으로 여행하면서 경치를 보는 즐거움

또 다른 세 가지 즐거움은
①책 읽고 글 쓰며 항상 배우는 도전정신
②사랑하는 여인과 변함없는 애정 생활
③벗과 함께 어울려 풍류를 나누는 즐거움

인간은 백 번 잘 해줘도 한 번의 실수를 기억한다.
사람의 마음은 간사해서 좋았던 수많은 기억보다 단 한 번의 서운함에 오해하고 실망하며 틀어지는 경우가 참으로 많다.
먼저 고맙다고, 먼저 미안하다고 말한다면 사람 관계는 나빠지려고 해도 나빠질 수가 없다.
사람 관계에서는 이기고 지는 것이 없다.

식사 후 적극적으로 지갑을 열어 계산하는 이는 돈이 많아서가 아니라 돈보다 관계를 더 중요하게 생각하기 때문이다.
다툰 후 먼저 사과하는 것은 잘못해서 그런 것이 아니라 당신을 아끼기 때문이며 늘 나를 도와주려는 이는 빚진 게 있어서가 아니라 진정한 친구로 생각하기 때문이다.
인생은 70세가 넘으면 성질도 죽고 마음도 너그러워지며 배려심도 생겨 사려 깊어지는 법이다.
할아버지가 되어서도 성깔이 나쁘고 마음이 온화하지

못하면 독선적이라고 나잇값을 못하여 멸시받는다.

나이 들어 살아오는 동안 말한 대로 이루어진다.
생각이 말이 되고, 말이 행동이 되고, 행동이 습관이 되고, 습관이 성격이 되고, 성격이 운명이 된다.
당신의 생각은 당신의 삶을 결정짓기 때문에 아무런 생각이 없으면 아무것도 이루어지지 않는다.
그러므로 내 생각과 내 말이 내 삶을 결정짓는다.
진정 이러한 뜻을 안다면 생각과 말을 함부로 할 수가 없다.
함부로 했던 마음, 불평불만으로 가득 찬 마음, 부정적인 말을 오늘부로 깨끗이 지워버려야 한다.

축복 된 마음으로 긍정적이고 적극적인 말, 상대를 칭찬하는 말은 삶의 주름이 점점 펴지게 만들고 아름다워지는 삶을 경험하게 된다.
분명히 패배한 상황에서 승리를 고백하고, 분명히 모자란 상황에서 풍부함을 고백하면 자신이 말한대로 된다.

사람이 무엇을 심든지 그대로 거둔다고 하였다.
마음으로 가득한 말들이 사랑으로 충만한 말들이 당신을 새롭게 할 것이다.
당신의 믿음대로 되며, 당신의 소망대로 이루어진다.

너는 내 운명이 아니라 내 말이 내 운명이며 당신이 지금 하는 말이 바로 당신의 운명이다.

80~90세까지 살아오면서 무슨 생각을 가장 많이 하였고 무슨 말을 가장 많이 하였는가? 당신이 많이 한 생각과 말이 지금의 당신을 만들어 놨음을 알아야 한다.
부정적인 생각에서 긍정적인 생각으로 전환한다면 인생이 잘 풀리게 된다.
건강하게 장수하려면 정신이 지혜로워야 하며 그것이 지혜의 철학이다.
이 세상은 긍정적이고 좋은 일이 참 많다.
친절하고 지혜로우며 배려심이 많은 사람이 많으며 지금도 늦지 않았다고 아름다운 세상을 꿈꾸고 일하는 노인들도 있다. 그것은 아직 우리의 미래가 무한하게 남아있기 때문이다.

더 행복하고 더 건강하고 더 성공적인 미래의 삶을 살고 싶으면 나이 타령은 그만하고 부정적인 생각에서 벗어나야 할 때이다.
긍정적으로 살기 위해서는 나는 어떤 생각을 하고 있고 앞으로의 미래를 바라보는 관점이 무엇인가를 자신이 깨달아야 한다.
내가 생각하고 바라보는 만큼 나이가 많아 모든 게 절

망적인가! 절대 그렇지가 않다. 긍정적으로 생각하면 정반대로 생각이 바뀌게 된다. 처음에는 생각을 바꾸기가 어렵지만, 자주 연습해야 쉬워진다.
예를 들어 '평생 자신이 한 일밖에 모르는데 이제 나이가 들어 어떻게 해'라고 부정적인 생각에서 '나는 손발이 있어 멀쩡하고 아직도 뭐든지 할 수 있어'하며 긍정적인 생각을 가지면 할 일을 찾게된다.

생각을 바꾸는 데는 독서만큼 좋은 게 없다.
머리가 명석하고 총명해지려면 뇌가 녹슬지 않게 책을 읽어야 한다. 그러면 아이디어가 샛별처럼 반짝이며 새로운 생각이 넘쳐난다.
한 번 이렇게 창의력이 생기게 되면 고구마 줄기에 매달려서 고구마가 연달아 나오듯이 우리의 뇌도 참신한 아이디어가 줄줄이 나오게 된다.

본 필자는 신간을 출간할 때마다 가까운 지인이나 친구에게 책 선물을 하려고 우편으로 발송한다.
주로 인생에 관한 것이나 인생 처세술과 건강 서적들이다. 그러면 꼭 읽고 답변을 주는 사람이 있는가 하면 '에잇 이 나이에 책은 읽어서 뭐해'하며 책표지조차 거들떠보지 않는 벽창호같은 사람도 있다. 그런 사람은 아는 것이 없어서 건강도 나쁘며 노화도 빨리 와 삶이

뒤떨어진다.

책은 많은 정보가 들어있고 설사 내가 알고 있던 내용이라도 다시 한번 되새기게 만든다. 또한 글을 읽으면서 눈과 뇌에 자극을 주어 불면증, 우울증, 치매와 같은 건강에 좋으며 마음이 풍요로워짐을 느껴 삶의 윤활유가 돼준다.
또한 인생을 값지고 양질의 삶이 되도록 지침서가 되기도 한다.
자신을 명품 인생으로 만들고 더욱 건강한 삶이 되기도 하며 같은 나이 또래보다 20년은 젊게 살게 하므로 수명이 늘어나기도 한다.

그런데도 시간이 남아돌아 심심하다면서도 빈둥거리기만 할 뿐 책을 절대로 가까이하질 않는다.
이것 역시 부정적인 고정관념에서 벗어나지 못했기 때문이다.
그동안 책이 있어도 넘겨본 적이 없었어도 지금부터라도 시도해야 한다.
귀티나게 곱게 익어가는 사람이 하루아침에 지적이고 고상해 보이는 것이 아니다.
외모도 가꾸어야 하지만 마음에서 우러나오는 인품 때문이다. 제아무리 치장한 여성도 지성미가 없어 보이는 것은 내면이 비어있기 때문이다.

80~90이 되어도 첫인상이 귀티가 나며 고상한 사람, 보자마자 빛이 나는 사람, 언제봐도 지적인 사람, 변함없이 곱게 익어가는 품격은 내가 만들어가는 것이다.
평생 책을 가까이 한 사람의 얼굴이 편안하게 보이는 것은 늘 독서라는 비타민이 내 몸의 세포 하나하나를 채웠기 때문이다.
이런 사람들은 가진 지식이 많아서 있을 때는 존중하고, 없을 때도 칭찬하고, 곤란할 때는 도와주고, 은혜를 잊지 않고, 베푼 것은 생각지 않고, 서운한 것은 잊기 때문에 익어가는 사람이 된다.

상대방이 반드시 자기와 같은 의견을 가져야 한다는 생각을 하면 따르는 사람이 없어진다.
무엇이든 그 가치를 잘라 내는 마음을 가져서는 안 된다.
자기가 좋아하지 않는 것이라도 다른 사람의 행복을 위반하는 것이라면 무엇이든 해주는 것이 좋다.
그것이 바로 사랑이다.
사랑하는 동안에도 언제나 꽃길만 있는 것이 아니다.
가시밭길을 걸을 때도 따뜻한 빛을 비추는 태양처럼 버텨주어야 한다.

남을 따라 하고 다른 사람과 자신을 비교해서는 안 된다.
자신을 다른 사람과 비교하는 습관은 불만을 낳고 우월감을 낳는다.
잘난 사람을 보면 자신이 작아져서 기가 죽고, 못한 사람을 보면 힘이 솟는 결과를 낳게 된다.
'나는 안돼'라는 생각이 우세할 때 비교하는 것은 좋지 않다.
당신은 당신만의 장점과 단점 그리고 재능을 가진 존재이기 때문이다.
자신만의 인생 경험, 자신만이 생각하는 철학은 자신만이 독특한 존재라는 의미다.

다만 나만의 장점과 단점 그리고 나만의 재능을 얼마만큼 잘 활용하느냐에 달려있다.
인간은 누구나 무한한 잠재력을 지니고 있으나 태만과 게으름으로 무덤을 만들고 있다. 이제라도 나이 탓만 하지 말고 지혜로운 황혼의 삶을 꺼낼 때이다.
고인 물은 썩지만 흐르는 물은 맑듯이 집에 누워만 있지 말고 끊임없이 움직이면 오래 살 수 있다.
하루를 늘 즐거운 인생으로 살아야 평생이 즐거워진다.
성질을 느긋하게 가지고 여유 있는 모습을 보여야 한다.

조급한 사람이 언제나 손해 보고 세상을 먼저 떠난다.
지인과 돈 안 드는 카톡 대화를 나누고 좋은 일은 공유하면 마음이 풍요로워진다.
일병장수라는 말이 있듯이 병을 두려워하지 말고 무병을 과시하지도 말아야 한다. 오히려 큰 병이 와 단명할 수가 있다.
천년만년 사는 것 아니고 가져가지도 못하니 자기 몸에 투자하는 것을 아끼지 말아야 한다. 아끼던 사람이 어느 날 갑자기 사라지는 경우가 비일비재하다.

노인 열 명 중 아홉 명이 아프고 골골거리는 것은 자기에게 투자하지 않고 관리가 소홀했기 때문이다.
지혜로운 철학을 터득한 사람은 불로장생하여 행복한 노년을 보내게 된다.

'고정관념이 변하지 않는 사람은 인생이 바뀔 수가 없다.
생각이 바뀌면 인생이 바뀌고 인생이 바뀌면 팔자가 바뀐다.'

8. 잉여 인간은 비참하다.

 잉여 인간이란 할 일 없이 사는 사람으로 사회에서 어떠한 역할도 하지 않고 그 누구도 필요로 하지 않는 인간을 말한다.

인간으로 태어나 흙으로 돌아가기까지 인류에 기여하는 그 무엇인가를 남기는 세계적인 위인들이 무수히 많다. 특히 창작의 끼가 넘쳐나는 예술인이 많은데 미술, 조각, 음악, 문학 등에서 두각을 보인다.
그동안 전문 분야에서 반세기 이상 다져지고 다져진 예술작품이 세계적인 명작으로 불리는 이유는 사람의 얼굴은 늙어도 뇌는 늙지 않고 오히려 더욱 성숙하여 발달하기 때문이다.

이탈리아 로마 교황청인 바티칸 성당 천정에 그려진 <천지창조>는 500년 전 미켈란젤로가 그려놓은 작품으로 그 그림을 그렸을 당시 나이가 88세였다.

유럽여행을 하면 빠질 수 없는 필수 코스로 지금도 그의 작품을 보기 위해 해마다 많은 관광객이 몰리며 10년 전에 십우회 친구들과 9박 10일 유럽여행을 하며 보았지만 지금도 눈앞에 생생하게 떠오른다. 이것을 보면 인간은 세월 앞에 부질없이 무너지지만, 예술작품은 영원히 남는다.

한 인간의 힘으로는 도저히 이룰 수 없을 것 같은 위대한 작업 앞에서 우리는 경탄하기도 하지만 같은 인간으로서 질투를 느끼기도 한다. <천지창조>와 <최후의 심판>같은 그림을 보면 비록 그것이 진품인 아닌 가품일지라도 놀라움을 금치 못한다.

미켈란젤로는 조각가였다. 그가 화가가 되어 붓을 들고 고개를 젖히고 천장에 그림을 그려 불멸로 만들었다. 그의 작품을 올려다보면서 이런 천재는 도대체 어떤 삶을 살았을지 의문을 품지 않을 수 없었다.
천재란 존재를 믿지 않고 혹은 천재가 어떤 사람인지를 모르는 사람이라면 미켈란젤로의 그림을 보면 알 수 있을 것이다.

미켈란젤로는 1564년 90세의 나이로 세상을 뜰 때까지도 식사할 시간도 없이 일에 몰두하며 작업을 멈추지 않았다. 그는 약간의 빵과 포도주를 들고 나면 일에 파묻혀 잠도 몇 시간 자지 않았다. 이런 고통의 삶 속에서도 그가 장수할 수 있었던 것은 예술 이외에는 사랑하지도 사랑받지도 않은 상태에서 자신이 좋아하는 일을 죽는 순간까지 하며 살아왔기 때문이다.

미켈란젤로는 1475년 3월 6일 이탈리아에서 태어났다. 아버지는 읍사무소의 공무원이었고 어머니는 그가 여섯 살 때 세상을 떠나 미켈란젤로는 어느 석공의 아내에게 맡겨 키워졌다. 아버지는 영민한 아들에게 공부하기를 원했으나 아들 미켈란젤로는 오직 예술에만 몰두하였다.
아버지는 집안에서 예술가가 태어난 것을 부끄럽게 여겨 아들에게 매를 때려가면서 말렸지만 죽을 때까지 미켈란젤로의 고집을 꺾지 못했다.

미켈란젤로는 13세 때 클성싶을 나무는 떡잎부터 알아본다고 예술에 대한 천재성을 보였다. 스승마저도 그의 재능을 질투할 정도로 천재로서 특출났다.
일 년 정도 스승 밑에서 그림을 배우다가 좀 더 영웅적인 조각을 원해 조각학교에 입학하였다.
이탈리아의 유명한 예술가 로렌초 공은 미켈란젤로를 눈여겨 보았고, 그의 배려로 뛰어난 학자와 미술 수집

품을 보고 읽어내면서 성장했다.
미켈란젤로의 시에스타 성당 <천장화>는 1512년 11월 1일 사람들에게 공개되었다. 그리고 <천지창조>와 <최후의 심판>이 진행 중일 때 교황은 언제 작업이 끝나느냐고 물었고 미켈란젤로는 완성되는 날 끝난다고 대답하였다. 교황은 무슨 대답이 그러냐고 화를 내자 즉시 집으로 뛰어가 떠날 채비를 하였다.

아차 싶은 교황은 급히 사람을 보내 사과하고 돈도 챙겨주어 그는 못 이기는 척 사과를 받아들였다. 그러다가 또 이런 일이 반복되고 우여곡절이 많았던 일이 끝나자 교황도 사망하였다.
1535년 <천지창조>에 이어 <최후의 심판>의 작업이 시작되었고 역시 엄청난 노력으로 1541년에 완성되었다.

미켈란젤로는 '시'에도 능하였다.
하루라도 당신을 만나지 못하면 어디에도 평안함이 없습니다.
당신을 만날 때 당신은 마치 굶주린 자의 맛있는 음식과도 같습니다.
당신이 웃음 지을 때 길에서 인사를 할 때 나는 용광로처럼 불타오릅니다.
당신이 말을 걸어주면 나는 얼굴을 붉히지만 모든 괴로

움은 일시에 가라앉지요.
사랑에 빠진 사내의 심경이 적절하게 잘 보이는 시이다.
이외에도 힘들 때, 즐거울 때 그는 시를 남긴 시인이기도 하다.
그가 구애한 대상이 어떤 여인인지는 밝혀지지 않았지만, 평생을 슬픔과 친구 하면서 살아간 이 고독한 사람의 연약한 마음이 잘 보인다.

미켈란젤로는 시와 서간문을 통하여 예술에 대해서 그리고 자신의 삶에 관해서 쓰고 또 썼다.
1486년부터 1563년까지 500여 편의 편지를 써서 그림이나 조각으로 나타내지 못한 마음까지 담아내었다. 시집에는 종교적인 경건함과 성스러운 믿음의 마음이 잘 드러났다.

그는 평생을 숨진 예수를 안고 있는 성모의 상을 만들었다.
성모 그리고 만년의 피에타 작품에 이르기까지 예술의 인생이 시작과 끝이 같았다. 이탈리아 말로 피에타는 슬픔, 비탄을 자비로 베푸소서. 라는 뜻으로 성모마리아가 죽은 예수를 안고 있는 모습을 표현한 그림이나 조각을 말한다.

교회란 자애로운 어머니의 품과 같다는 개념을 강조했다.
미켈란젤로는 영혼은 신에게 육체는 대지로 보내라는 유언을 남기고 폭풍우 같았던 인생은 조용한 공간으로 자리를 옮겼다. 평생을 로마에서 머물렀고 로마에서 생을 마감했다. 그는 90년의 세월을 고통과 슬픔 그리고 절망의 세월이었지만 그의 작품은 우리의 환희와 희망과 사랑, 감동으로 앞으로 살아갈 삶의 의지를 마음속에 품게 된다. <출처:인물 세계사에서>
독자분들은 이탈리아 로마 여행 시 바티칸 교황청 천장에 그려진 걸작 <천지창조>를 꼭 감상해 보시길 바랍니다.

천지창조

 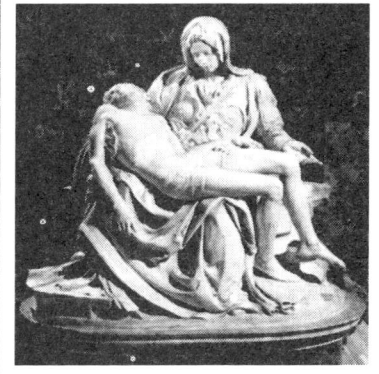

최후의 심판　　　　　피에타

서양에 미켈란젤로가 있었다면 동양에는 나관중이 있었다.
세계적인 두 거장은 인간의 한계를 넘어 이렇게까지 무궁무진한 능력과 지혜를 가질 수 있을까 하고 경탄하지 않을 수 없다.
이들은 모두 여생 동안 명작을 세상에 선보여 감탄을 자아냈다.

대한항공 창업주 조중훈 회장이 사업을 시작하기 전부터 <삼국지> 시리즈 10권을 8번이나 읽었다고 하였다.

나관중의 소설 <삼국지>를 보면 볼수록 지략이 재미있고 처세술이 뛰어나 사업가, 정치가, 학생에 이르기까지 큰 가르침과 지침이 되는 책이다.

<삼국지> 소설은 픽션으로 실제로는 없는 사건을 작가의 상상으로 꾸며 실제와 같이 느껴지는 것을 말한다. 그리고 논픽션은 허구가 아닌 사실에 근거하여 쓴 실화를 말한다.
지금의 본서 <지혜 철학>은 에세이로 수필이다.
에세이는 일정한 형식을 따르지 않고 인생이나 자연 또는 일상생활에서의 느낌이나 체험을 생각나는 대로 쓴 산문형식의 수필이다.

또는 사회문제나 정치 이슈, 철학적 담론과 같은 무거운 주제들을 자신의 주관을 바탕으로 써낸 글이라고도 할 수 있다. 서점에서 판매되는 상당량의 책들은 에세이(수필)이다. 일상 속에서 보고, 듣고, 느낀 것이나 체험한 것을 형식상 제약이나 내용상의 제한 없이 자유롭게 쓴 글이므로 소설을 쓰는 작가가 아니더라도 누구든지 쓸 수 있고 주제도 엄청나게 다양하다.

작가의 오랜 경험과 지혜를 바탕으로 교훈을 전달하는 등 다양한 방식으로 쓰여진다. 일상적인 일기와 같은 글은 경수필이라 하며 자기소개서와 같은 가볍고 짧은 글을 말한다.
선거철이면 정치인들이 북 콘서트를 여는데 거의 수필을 출간하여 저자가 읽고 질문에 답하는 형식의 모임을 한다.

픽션인 <삼국지>의 작가 나관중에 대해 알아보자.
피 끓는 청춘에는 나라를 사랑하고 용기가 있으면 죽음을 불사한다.
유관순 열사(18세), 안중근 의사(31세), 윤봉길 의사(24세)처럼 애국자 중의 애국자가 되고 나이가 익어가며 완숙해지면 작품은 더욱 빛을 발해 뛰어난 예술작품으로 탄생한다.

중국에는 4대 기서가 있다.
<삼국지>, <수호지>, <시유기>, <금병매> 이 네 가지 소설 중에 <삼국지>는 지금까지도 많은 사람에게 감동을 주는 명서이다.
60세 이후 생각이 바뀌고 자신이 변하면 인류에 남길 것이 생기고 잉여 인간으로만 살면 인류에 남길 것이 아무것도 없다.

작가 나관중은 중국 문학에 한 획을 그었으며 동아시아

최고의 베스트셀러 작가이다. 그는 4대 기서에 들어가는 삼국지와 수호지에 관여하였다. 출생지역은 미정이지만 태어난 연도는 1330년~1400년으로 사망하기 전 70대에 유명한 <삼국지>를 창작한 것으로 추정된다.

나관중은 젊은 시절 먼 친척인 주서와 같이 과거시험을 치렀는데 주서만 합격하고 나관중은 낙방하였다. 또 다시 과거시험을 치렀지만, 또 떨어졌고 이후에도 계속 과거시험을 보았으나 끝내 합격하지 못하였다.
그래서 할 수 없이 아버지를 따라다니면서 산서성 일대에서 가문의 생업인 소금장사를 하였으나 천성이 게을러서 그런지 장사를 제대로 하지 못해 결국엔 흐지부지되었다.

그러다 보니 자신이 살던 곳 근처 찻집에 드나들며 하루하루 놀고먹으면서 집에 돈만 없앴다. 당시 찻집에서는 삼국 희곡이라는 연극을 매일같이 공연하였는데 나관중은 얼마나 많이 즐겨들었는지 달달 외우는 수준까지 도달해 이에 자극을 받아 <삼국지>를 집필하게 되었다.

인간은 어떠한 것에 자극을 받았을 때 불현듯 마음으로 결심을 하게 되면 인생이 바뀐다.

그러나 그는 집에서 쫓겨나 족보에서도 이름이 지워진 것은 <수호지>작품으로 정부에 항거하는 내용이 많아 체포령이 내려 도망다니며 은거하며 지냈기 때문이다. 은둔생활로 숨어지내면서도 <삼국 지연> 이외에도 여러 작품을 창작한 거로 알려져 있다.

나관중은 천성이 게을러서 잠이 많았는데 예부터 잠을 9시간 이상 자는 것이 건강에 이상적으로 장수한다는 연구결과도 있듯이 1400년대 평균수명이 30세이었음에도 불구하고 나관중은 두 배 이상을 살아 천수를 누렸다고 볼만하다.

당시 중국의 명나라 시절 조정에서 홍무제 황제가 하루가 멀다하고 자신이 마음에 안 들면 신하들을 파리목숨만도 못하게 수백 명씩 죽였는데 나관중이 과거에 합격했더라면 죽임을 딩해 <삼국지>는 세상에 나오지 못하였을 수도 있었다.
과거시험에 합격했던 친척 주서 역시 처형당한 것을 보면 나관중이 여러 번 과거시험에 낙방한 것이 그의 운명이자 전화위복이 되어 유명한 <삼국지>를 내었고 70세까지 두 배로 살 수 있어서 천운을 얻은 사람이었다.

유럽 서양에 셰익스피어가 있다면 중국 동양의 나관중

이 있었지만 오묘하게도 완벽한 사람은 없다.
사람이 게으르면 재물을 손에 쥐지 못하지만, 건강을 얻게 되고 영리하여 열두 가지 재주가 있으면 명석하여 이름이 알려지나 재물은 손에 들어오지 않아 조석거리가 간데없다고 한다.

나관중이 소설가로 재능이 타고난 것은 삼국지에 나오는 수많은 등장인물에 카리스마가 강한 캐릭터에 맞는 역할을 정하여 소설을 다 읽고 난 후 몇십 년이 지나도 등장인물의 강한 인상이 지워지지 않기 때문이다.
유비, 현덕, 관우, 장비, 조조, 손오공, 제갈량 등 수많은 인물마다 사실감 있게 개성을 살려 놓았다.
조조의 캐릭터는 그가 소설가로서 가장 빛을 발하게 해준다.
강약을 조절하면서 간교하고 잔인하면서도 **때때론 영웅다운 카리스마를 보이며 복잡하면서도 매력적인 인물로 만들어낸** 그의 솜씨는 후대 창작가들에게 깊은 영감을 주었다.

나관중의 <삼국지>소설은 얼마나 사실감 있게 잘 썼는지 논픽션인데도 조선시대 <춘향전>처럼 실제 벌어진 실화로 착각하는 사람들이 많다. 춘향전 역시 삼국지와 같은 작가의 상상력으로 지어진 허구이다.

전쟁 중 갈증으로 허덕이는 병사들에게 매실 밭이 근처에 있다는 정보를 흘려 행군을 수월하게 한 일화와 군량이 부족해질 때 군량미 담당관이 무고함을 알면서도 군량미 횡령범으로 몰아 처형하여 즉결 처분함으로써 병사들의 사기를 높이는데 쓰는 등 심리전에 탁월한 위인임을 알 수 있다. 표현할 때도 긍정적이고 부정적인 기사를 두루 활용하는 치밀함도 돋보인다.

그러면서도 서주 대학살이나 관동대전, 후의 포로 생매장 등 비이성적인 잔인한 학살에 관한 부분, 동승 일당의 모의 실패에 대해서는 일족을 멸하고 관련자를 잔인하게 살해하는 모습만큼은 가감 없이 보여줌으로써 한 황실 부흥의 가치를 내세우는 유비와는 도저히 어울릴 수 없는 상극이자 일생에 걸친 호적수임을 명확히 하고 있다.

저자는 '내가 천하를 배반할지언정 천하가 나를 배반하게 할 수는 없다.'라고 희대의 명대사까지 붙였다.
그 뜻은 내가 남을 해쳤으면 해쳤지 먼저 남에게 당하지 않겠다는 뜻이다.
그리고 오나라의 <손자병법>은 춘추시대 최고 명장의 전투 교본으로 손무가 지었지만, 양산박에 108명을 모으는 장면으로 보아 노지심을 내세운 캐릭터가 나관중이 지은 것으로 추정하고 있다. 청룡 일월도가 81근이라는 언급이 있기 때문에 <삼국지>에서는 82근으로 나와 약간 비켜 갔을 뿐 같은 작가인 것으로 보인다.

인터넷도 없던 시절 나관중이 <삼국지>대한 열정은 타의 추종을 불허한다.

삼국지

9. 하나뿐인 귀중한 생명

 독일의 독재자 히틀러는 사람이 어디까지 악독할 수 있는가를 잘 보여준 사례들이 말해주고 있다.
한 명을 죽이면 살인자이지만 백만 명을 죽이면 영웅이 된다고 믿었는지 히틀러는 한 번에 많은 사람을 죽일 방법으로 유대인 600만 명을 독가스실에 가두고 살해했다. 600만이라는 숫자는 서울 인구의 60%로 어마어마한 숫자다.

이런 악독한 자는 1945년 4월 30일 56세의 짧은 나이로 사망하였다.
뛰어난 웅변술의 소유자였던 히틀러는 제1차 세계대전에서 패전하면서 독일이 서약한 베르사유 체제 대공항 이후 독일의 대통령이 되어 정권을 잡았다.
히틀러는 군대를 대량 모집하여 취업률을 높였고 전쟁 자금이나 국가 민족의 희생양으로 유대인을 지목하여 탄압하였다.

제2차 세계대전을 일으킨 히틀러는 유대인에 대한 증오가 뿌리깊어 제1차 세계대전, 제2차 세계대전 당시에도 대부분 유대인 혐오 정책이 호응을 얻은 원인도 있다.
전쟁 중 그는 유대인의 씨를 말리려고 유대인 말살 정책으로 인해 수많은 유대인이 그 악독하기로 유명한 아유슈비츠 수용소와 나치 강제 수용소의 가스실에서 학살을 일삼았다.

또한 히틀러는 유대인 족보를 만들어 할아버지가 유대인이어도 증손자까지 잡아가는 정책을 펼쳤고 재산을 몰수했으며 막노동이나 생체실험용으로 쓰다가 병들면 총살해버렸다.
그래서 독일에서 도망친 유대인들은 재산피해와 인명피해가 컸다.
나치 독일에 의해 학살된 사람들 가운데는 동성연애자와 장애자도 있었다. 그 이유는 독일 민족의 우수성에 영향을 끼친다고 생각했기 때문이다.
이때가 지금으로부터 1세기도 안 되는 90년 전에 벌어진 일이므로 인권이나 건강 장수나 남은 여생이란 말은 사치스러운 말이다.

독일에서 숨어 살며 목숨을 보전해야 했던 어린 소녀 <안나의 일기>에서도 나치당 히틀러의 포악함은 몸서리

처지는 악행들뿐이었다.
나치란 히틀러가 당수로 하는 독일의 정치인 당 명이며 독일의 노동당이다.
제2차 세계대전에 전세를 확장하던 독일의 히틀러는 소련과 불가침조약을 깨고 전쟁을 선포하지만, 소련의 스탈린 과의 전투에서 패배하였다.
잇따라 참전한 미국에 의해 궁지에 몰린 히틀러는 1945년 4월 29일 소련군에게 포위되어 체포되기 전 베를린에서 브란운 신부와 결혼식을 한 뒤 다음날 지하벙커에서 청산가리가 든 캡슐을 삼키고 권총으로 자신을 쏘아 자살하였다.

히틀러는 꿀벌로 양봉을 하던 아버지와 어머니 사이에서 차남으로 태어났지만, 독일 대통령이 되어서는 수많은 사람을 파리목숨만도 못 여겨 역사상 가장 악명 높은 인간으로 기록되고 있다.
히틀러는 공식적인 결혼식은 죽기 전 마지막 한 번이었으나 그 전에 3~4명의 여인과 열애를 하였다.
자고로 영웅호걸은 술과 여자를 좋아한다더니 악독한 독재자 역시 술과 여자가 빠지지 않았다. 조선의 열 번째 왕 연산군이 그러했고 북한의 김씨 일가 3대도 그러하다.

지금으로부터 90년 전인 1933년 1월 30일 히틀러가 총리로 임명되면서 권력을 잡았다. 히틀러의 집권은 노동계의 치명적인 패배였다.
그 패배는 이후 유대인 대학살과 제2차 세계대전이라는 비극으로 이어졌다.
히틀러는 군에서 제대하던 1920년 초부터 정치활동을 시작하여 불과 13년 만에 대통령이 되어 정권을 잡았다.
오스트리아에서 태어난 히틀러는 20대 초반까지는 특별할 것이 없었다.
미술대학에 여러 번 낙방하여 별 의미를 느끼지 못하는 그저 평범한 청년이었다.

히틀러가 정신을 차린 것은 제1차 세계대전 때 전선이었다.
독일군에 자원입대한 히틀러는 상병까지밖에 진급하지 못했지만 두 차례나 무공훈장을 받았다.
전쟁에서 강한 자극을 받은 히틀러는 삶에 활력소가 되었다.
인간은 어떠한 강한 자극을 받게 될 때 딴사람으로 변한다.
독일의 패전은 히틀러에겐 인생의 의미를 빼앗긴 사건이었다.

독일을 패전으로 이끈 1919년 11월 독일 혁명과 그 뒤에 들어선 바이마르 공화국은 히틀러에게는 철천지원수였다.

1919년 초 히틀러는 군사행정부의 정보사무소에서 일하며 독일 동남부 뮌헨으로 배치되었다. 그런데 그 후 4월 바이에른에서 봉기가 일어나 소비에트 공화국이 선포됐다. 그러나 이는 다른 지역으로 확산하지 못하고 고립되었다.

히틀러는 극우 정당의 하나이자 나치당의 전신인 독일 노동당에 입당하였다. 그리고 거기서 새로운 삶에 의미와 자신의 재능을 발견했다.

극우 집회에 모인 사람들은 분기 당천 시키는 데에 뛰어났던 웅변가였다. 정치가의 덕목은 첫째가 말을 잘하여 사람의 마음을 움직이는 것이었다.

히틀러의 연설은 논리성연하며 치밀함이나 구체적이고 실현 가능한 정책의 제시와는 거리가 멀었다.

간단하고 쉬운 언어 엄청난 자기 확신 지목된 몇몇 적들에 대한 원색적이고 집요한 공격이 특징이었다.

히틀러가 적으로 지목한 대상은 독일 경제 금융권을 쥐고 있는 유대인을 타겟으로 삼았다. 히틀러의 목표가 적중하여 극우세력으로부터 스타로 떠오르기 시작하였다.
1922년 10월 28일 이탈리아 무솔리니가 로마 진군을 하며 집권한 것을 모델로 삼았다. 인생은 어떻게 보느냐에 따라 그 인생관이 달라지고 자신의 삶도 운명도 달라진다.
지도자의 가치관에 따라 사람을 죽이고 전쟁이 일어나고 세상의 평화도 가져온다.
지도자의 마음가짐 즉 생각의 차이에서 나온다.

울지 않은 새는 죽여버려라 - 자기가 원하는 대로 하지 않으면 없애버리고,
울지 않는 새는 울게 하여라 - 성취를 위해서는 어떻게든 해 내야 하고.
울지 않는 새는 울 때까지 기다려라 - 자신의 때가 올 때까지 기다린다.

세계 독재자들의 인상을 보면 섬찟하고 험악하다.
독일 히틀러는 제일 많은 사람을 죽였고, 러시아 푸틴은 면도칼 같은 성격으로 전쟁을 일으켜 현재까지도 수많은 사람이 죽어가고 있다.
우리나라 전두환 역시 첫인상이 얼음장처럼 차고 냉혹해 보여 광주 학살과 삼청교육대로 인권을 짓밟고 국민을 박해하며 자신의 정권유지를 위해 극악무도한 독재

정치를 하였다.

북한의 김일성, 김정일, 김정은 3대의 세습정치도 독재정치이며 인권이란 존재하지 않는다.
자신을 반대하는 자는 무차별하게 숙청하고 체재유지를 위해 혈안이 되어있다. 굶주림에 아사자가 속출하는데도 굶주리는 인민을 위한 경제정책보다는 전쟁준비에만 올인하여 핵무기생산에 전념하고 있다.

만약 김정은이 오판하여 핵폭탄을 서울에 투하한다면 서울 인구 1천만 명 중에 30%인 300만 명이 하루아침에 잿가루가 되어 사라질 판이다. 3km 반경에 모든 것이 폭발하여 증발하고 후폭풍으로 30km 이내 사람들이 6개월 안에 몸부림치다 모두 1,200명은 찍소리 한 번 내지 못하고 고통 속에서 사망할 것이다. 만약 살아있어도 고통이 심해 죽은 자를 부러워하고 단번에 나라가 망하게 된다.
이러한 독재자들 밑에서 사는 국민은 지도자 하나 때문에 수천만 명의 사람을 잃고 남은 여생이니, 덤으로 사는 인생이니 라는 말도 있을 수 없는 말이 된다.

1923년 독일에 극심한 위기가 찾아왔다.
히틀러가 전쟁 배상금을 갚지 못하자 프랑스가 독일 서

부 루르 지역을 점령하였다.
물가가 폭등하고 살인적인 인플레이션과 노사관계 불안의 결과로 10월 공산당은 매우 유리한 상황으로 봉기에 기회를 맞지만, 최후 순간에 그냥 주저앉고 만다. 그래서 결국 독일이 패배하였다.
바로 다음 날 히틀러는 나치당 돌격대를 이끌고 쿠데타를 일으켰다.

이른바 맥주 홀 쿠데타인데 반혁명적인 쿠데타였다. 이 쿠데타는 하루 만에 진압되고 히틀러는 반역죄로 수감되었다.
그렇지만 히틀러는 극우세력에서 가장 유명한 인물이 됐는데 결정적인 시기에 대담한 도전을 감행할 자질을 보인 것으로 평가받았기 때문이다.
히틀러가 재판을 받으면서 정치적 선전의 장으로 삼으며 당당하게 임한 것도 한 요인이 되었다.

나치당이 권력에 다가선 결정적인 계기는 1929년 10월 미국에서 시작된 대불황이었다. 대공황으로 인한 독일은 엄청난 타격을 입었다. 공장에서 생산이 급속히 줄어들면서 130만 명이던 실업자가 1930년에는 510만 명으로 급증하였다.

심각한 불황과 그것이 낳은 절망 속에서 나치당은 급성장했다.
빵 가게를 하다가 유대인 채권자의 빚 독촉에 시달려서 가게를 헐값에 처분하고 길거리 행상을 하며 근근이 먹고 살게 된 사람이 나치당으로 모여든 것이 전형적인 모습이었다.

나치당은 1930년 9월 제일 야당이 되었고 유대인을 희생양으로 삼을 태세를 갖추고 있었다.
히틀러는 성난 민심을 잘 활용하여 나치당에 돌격대를 10만 명에서 40만 명으로 늘렸다. 국민의 지지를 얻어 세가 불어나자 히틀러는 1933년 1월 30일에 히덴부르크 대통령이 임명하여 총리에 오르게 되었다.

히틀러는 반혁명 쿠데타 실패로 1년 동안 수감생활을 할 때 <나의 투쟁>이라는 서적을 출간하였다.
그는 수감 중에 자서전에서 반유대주의 시각을 밝혔으

며 실행으로 옮겨 최악의 잔인한 인간으로 역사는 기록하고 있다.

일본 간토 지방에서 1923년 9월 1일 오전 11시 58분 관동 대지진이 일어나 이에 수반하여 발생한 대학살 사건이 일본 군인과 경찰은 이 지진을 이용하여 날조된 유언비어를 퍼트려 무고한 조선인 6천 명을 학살하였다.

간토 지방과 야마나시 두 도시에서는 최대진도 7.9 지진으로 10만 명 가까이 사망하였고 5만 명의 행방불명자와 가옥 전파 13만 채로 큰 인명과 재산피해가 났다. 설상가상으로 대도시인 도쿄와 요코하마에서는 화재로 인한 피해자가 발생하였다. 건물 붕괴로 압사 자는 동경에서만 2,000명이나 되었고 화재로 인한 사망자는 6만 명에 달했다.

많은 사람이 피난을 가면서 강에서 세찬 바람이 불자 피난 보따리에 불을 붙이기 시작하여 4만 명이 불에 타 죽었다.
일본의 중심지에서 일어났기 때문에 더욱 영향이 큰 데다가 제1차 세계대전 후라 경제가 대공황이 되었다. 일본은 이 재난으로 인하여 국가적인 위기에 직면하였다.

지진 발생 다음 날 정부 내각에서는 계엄령을 선포하고 위기의식을 조성해야 하는데 이때 조센징(조선인)을 이용하였다.
독일이 유대인을 이용하여 히틀러가 대통령이 되었듯이 일본은 한국인을 이용하여 국가위기를 타개하려 하였다.
박근혜 정부 때 수학여행을 가던 안산 단원고생이 세월호가 침몰하여 299명이 사망하였고 5명이 실종된 것과 국정농단이 밝혀져 박근혜가 탄핵 되었고 이로 인해 긴 형무소 생활을 하였다.

일본에서는 대지진과 화재가 조선인들이 폭동을 일으킨다는 유언비어를 조직적으로 유포시켜 민심의 불안이 극도로 도달하여 이날 오후 6시를 기해 계엄령이 선포되었다. 그리고 그들은 민중에게 확산시키기 위하여 유언비어반, 지휘반, 실행반, 공작대를 조직하여 그들로 하여금 방화, 우물에 독약 투입을 조선인이 자행하고 있는 것처럼 조작하였다.

일본인들은 조선인 폭동설을 그대로 믿었고 그 보복책으로 각지방별로 자치단을 조직하여 일본 전역에 3,700여 개에 군경과 함께 6천여 명의 조선인을 대학살 하였다.

조선인 노동운동 지도자 9명도 일본인 경찰에 검거되어 헌병 대위에게 죽임을 당하였다.
지진과 화재로 65억 엔의 피해를 본 일본은 잔악한 행위로 조선인을 억울하게 학살한 사건은 일본 역사상 씻을 수 없는 오점으로 남았다.

110년이 지난 지금 밝혀진 것은 일본 요코하마에서 일어난 피난 보따리에 불을 붙인 화재는 수도권 일대에 8.3의 강력한 지진이 발생해 일어난 것으로 밝혀졌다.
일본이 유난히도 지진이 많은 나라여서 국민들은 불안한 심리를 신에게 의지하는데 식민지로 탄압받던 조선인을 화풀이 대상으로 삼아 꼼짝없이 당할 수 밖에 없었다.
지진으로 먹을 물조차 구하기 힘들었던 일본인들은 이런 이유가 조선인들이라는 유언비어를 그대로 믿고 도끼와 칼을 들고 다니며 죽이며 돌아다니는 무법천지였다.

학살된 조선인들은 도쿄에 흐르는 스미다강과 아라카와강에 던져버리거나 강가에 암매장하거나 그냥 방치해두어 피로 물들었다.
이런데도 조선총독부에서는 일본 헌병대에 언론통제로 인해 제대로 보고하지 않아 전혀 모르고 있었다. 결국은 시간이 흘러 45일 만인 1923년 10월 15일 동아일보 기사가 실려 처음으로 알게 되었다.
이런데도 지금까지도 별다른 대책 없이 100년의 역사적 사실을 시간만 흘려보내고 있다.

관동 대지진

지금도 지진이 언제 어디에서 일어날지도 모르고 살아간다. 지구 대기권이 운동하고 있는 한 누구도 지진의 피해를 막을 수 없는 게 현실이다. 그러므로 사람은 자신의 목숨을 한 치 앞도 내다볼 수 없어 자연재해가 없이 천수를 누리며 행복하게 살길 바랄 뿐이다.

지금 지구 내부에는 연간 1,000~5,000번의 크고 작은 지진이 일어나고 있다. 그중에서도 특정 지역인 섬나라가 잦은 지진이 일어나고 이 지역들이 환태평양 지진대이다.

가장 약한 지진은 2.0 이하이고, 대지진은 8.0으로 일본에서 조선인 대학살 때 일어났다. 6.0보다 7.0인 지진은 에너지가 30배가 커진다. 지진으로 인한 사망자가 전쟁으로 인한 사망자가 훨씬 많으므로 지진피해를 최소화하기 위해서는 건물은 내진설계를 해야 하고 국민은 대피요령을 숙지해야 한다.
조선 시대에도 2,000여 회 이상 지진이 발생했으며 건물이 무너지고 사망자가 한꺼번에 100여 명이 나왔으므로 우리나라도 지진으로부터 안전지대가 아니다.

지금까지 보아왔듯이
천재지변으로 인한 재해가 없고, 전쟁 없는 평화만 있고, 독재자에 의해 학살당하지 않고, 인권이 없이 학대로 노예처럼 살지 않고, 굶주려 아사자가 나오지 않으며 질병에 시달리지 않고 지금까지 살아오면서 120세까지 남은 여생을 무병장수한다면 가장 인간답게 산 사람이며 특별하게 축복받은 사람이다.

10. 독서는 지혜의 철학이다.

 독서는 지혜를 만들고 지혜는 삶의 철학을 만든다.
독서를 하면 아는 만큼 힘이 된다.
첫째 기억력이 좋아진다.
둘째 행동으로 옮긴다.
셋째 다른 사람과 합리적인 소통이 된다.
넷째 나를 반성하게 한다.
다섯째 꿈을 이루게 한다.

60이 넘어서 할 일이 없을 때 가장 하기 좋은 일은 독서다.
90세, 100세까지 잠만 자고 살 수는 없다. 잠은 죽어서나 많이 자면 되는 것이고 뭘 해야 할지 모를 때 가장 하기 쉬운 것이 독서다.
60대 중반에 건강검진에서 간암이 진행되니 길어야 3년이라는 시한부 선고를 받았다. 하지만 포기하지 않고 치료를 받으며 3년 동안 3천 권의 책을 읽으며 정보를 얻으며 마음을 편하게 먹었다.
그런 결과 건강에 대한 지식이 의사보다 더 많아졌고 과거 사업에 실패하였던 제품에 관해서도 연구하는 계기가 되어 독서로 전화위복(轉禍爲福)이 되었다.

독서는 희망이며 뇌를 건강하게 만드는 일이다.
생각하는 근육의 힘도 키우고 미래를 창조하는 게기도 만들어 준다.
독서를 많이 하면 사람의 생각이 성장하여 미래가 밝아진다.
우리나라 국민이 독서광이었다면 결코 묻지마 폭행과 살인 범죄가 없는 나라가 되었을지도 모른다.
범죄율은 국민의 수준에 비례하는 것이므로 못사는 나라일수록 범죄율이 높다.
몇 손가락 안에 꼽히는 대학의 인문학과에서는 일주일에 두 권씩 의무적으로 독서를 한 후 독후감을 내야 하고 특히 철학과 학생들은 독서를 많이 해야 수업에 참여할 수가 있다.
대학에서 독서를 제일주의 교육으로 삼고 있으니 다독한 학생들의 미래가 밝아 말이 필요 없는 참교육이다.

우리나라 국민의 70%는 책을 보지 않는다. 그나마 보는 것은 웹툰이고 그마저도 테블릿으로 본다. 세상이 변하여 책을 구매하고 소장하는 개념이 없어진지 오래다.
그러므로 뇌 건강과 시력은 좋아질리 없고 앞으로 점점 치매와 우울증 환자가 넘쳐나 노후가 비참해질 것 같은 불안이 생긴다.
나쁜 길로 빠지지 않고 노년까지 건강하고 일생이 행복하고 싶다면, 지금이라도 늦지 않았으니 책을 읽어야 한다.
시간 날 때마다 멍하니 멀뚱대지 말고 소파나 침대 머리맡에 책을 두고 틈틈이 독서 하면 노후의 인생이 새롭게 변하게 된다.

영국의 철학자 아리스토텔레스는 '아는 것이 힘이다'라는 명언을 남겼다.
그는 지식확립 방법으로 귀납법을 내놓았을 만큼 많은 책을 읽었다.
귀납이란?
개별적인 특수한 사실이나 원리로부터 그러한 사례들이 포함되는 좀 더 확장된 일반적인 명제를 이끌어내는 것을 귀납이라고 하며 이러한 귀납적 추리의 방법과 절차를 논리적으로 체계화한 것을 귀납법이라고 한다.

철학자만큼 독서를 많이 하는 사람도 없으며 그래서 지

혜가 많고 인생의 사는 법을 가장 많이 알고 있다.
철학이란?
인간과 세계에 대한 근본 원리와 삶의 본질 따위의 지혜를 연구하는 학문으로 흔히 인식, 존재, 가치의 세 기준에 따라 분야를 나눈다. 자신의 경험에서 얻은 인생관, 세계관, 신조를 말하기도 한다.
철학은 지혜이기 때문에 밝아지는 학문으로 철학은 지혜를 사랑한다는 말이다.
솔로몬의 지혜와 같은 명판결을 내릴 수 있는 유능한 법관이 되려면 독서를 많이하여 철학자와 같아야 한다. 그러므로 사물을 꿰뚫어 볼 수가 있어 원망 없는 명판결이 내려지게 된다.

예부터 성인들이 철학적으로 이르는 말이 있다. 사나이 대장부라면
삼 년간 남의 집 종살이를 해봐야 한다.
삼만리의 세계 여행을 해봐야 한다.
삼만 권의 책을 읽어야 한다.
삼만 명의 사람을 알고 지내며 그들의 마음을 읽을 줄 알아야 한다.
독서를 하면 지적인 인품이 겉으로 드러나 빛이 나 달리 보인다.
이 세상에 독서만큼 읽는 대로 사람을 만드는 일도 없

다. 부모의 백 마디 말보다 책을 통해 깨닫는 것이 훨씬 빠르다.
인간이 인간답게 살고 행복하게 살고 싶다면 배워야 하며 그 해답은 독서뿐이다.

유대인의 콜란의 솔로몬의 지혜는 독서를 통하여 얻어지는 것이다.
이스라엘 왕이었던 솔로몬은 하나님께 지혜를 달라고 늘 기도했다.
'하나님이시여 백성들을 누가 감히 재판할 수가 있겠습니까, 제게 백성들을 올바르게 다스릴 수 있는 지혜를 주십시오.'
다른 사람들은 부자가 되게 해달라든지 건강하게 해달라고 하는 것처럼 자기 자신을 위해서 기도했던 것과는 달리 이를 좋게 본 하나님이 솔로몬에게 지혜를 주었다.

어느 날 여행을 하던 두 사람이 길을 잃었다. 목이 말랐지만 마실 물이 없어 그때 한 친구가 숲속에 있던 나무의 껍질을 벗기고 그 진액을 그릇에 받기 시작했다. 이걸 마시면 좀 괜찮아질 거야. 이런 것이 솔로몬의 지혜이다.
그동안 많이 알려진 유명한 일화지만 다시 한번 강조하

자면 솔로몬 왕도
'아이를 반으로 나누어 가져라'라고 말하자
아이 부모는 무시무시한 판결이라며 어떻게 반으로 자식을 나누라는 것인지 놀라워했다.

같은 집에 살고 있던 두 여인이 있었다.
그들에게는 각자 아이가 하나씩 있었다.
어느 날 밤 한 여자의 아이가 죽자 옆에 자고 있던 다른 여자의 아이와 바꿔치기를 하였다.
잠에서 깬 여자는 죽어 있는 아이를 보고 소스라치게 놀랬으나 곧바로 자신의 아이가 아님을 엄마로서 직감적으로 알게 된다.
바꿔치기한 여성은 자신의 아이라고 우기기 시작하였고 결국 재판이 열리게 되었다.
두 여인은 한 아이를 사이에 두고 서로 자기 아이라고 주장한다.

이 아이는 제 아이입니다.
제가 낳았어요
제가 키웠어요
제 아이입니다.
두 여인은 한 치의 양보도 없었다.
솔로몬 왕은 아이의 진짜 엄마를 찾아내어야 한다.

두 여인 모두 눈물을 흘리며 애원을 하니 누가 진짜 아이의 엄마인지 참으로 난처하였다.
솔로몬 왕은 한참 동안 고심하며 생각 끝에 결단을 내리게 되었다.
"그대들 중 누가 진짜 엄마인지 가려낼 수가 없구나"
그러더니 공정한 판결을 내리기 위해 재판장 가운데 선을 긋고 새근새근 잠자는 아이를 선 위에 눕히며 명하였다.
그리고는 양쪽에서 아이의 팔을 당기라고 하였다.
힘으로 아이를 가져온 사람이 진짜 어머니라고 말을 하자 두 여인은 잠든 아이의 팔을 서로 잡았다.
솔로몬 왕은 "시작"하고 외치자 한 여인이 곤히 잠든 아이의 팔을 사정없이 당기며 이 아이는 내 거라고 말했다.

그러나 한 여인은 아이의 팔을 차마 당기지 못하고 가슴 깊이 울고 있었다.
"그만 멈추어라." 솔로몬 왕이 외쳤다.
왕은 울고 있는 여인에게 말하였다.
"그대가 진짜 어머니였구나. 아이를 데리고 돌아가거라."
아이를 반으로 잘라서 갖겠다며 잡아당긴다면 엄청난 아이의 고통은 어떨까? 고스란히 죄 없는 아이가 당하니 친모는 그런 사실을 알기에 아이를 위해 할 수 있는 건 그저 힘을 놓고 있을 수밖에 없었다.

내 아이가 아니어서 힘껏 당기지 않은 게 아니라
내 아이가 아니어서 힘껏 외치지 않은 게 아니었다.
솔로몬 왕처럼 지혜는 어떤 일에 현명한 판단을 했을 때 사용되는 것이다.
가짜 엄마는 아이만 소유하고 싶어서 마음이 앞서 더 깊고 소중한 걸 보지 못한다. 중요한 건 아이다. 반으로 나눠서 가지겠다고 서로 당겼다면 과연 아이는 어떻게 됐을까?

진짜 엄마라면 그저 아이를 지키기 위해 조용히 물러서는 방법을 택할 뿐이다.
솔로몬 왕은 친부모라면 자식을 진짜로 반으로 나눌 리가 없다는 생각에서 한 말이었다.
이렇듯 지식이 아니라 지혜가 필요한 요즘 솔로몬의 지혜에 대해 생각해 볼 필요가 있다.

탈무드는 유대교의 경전이다.
탈무드에는 유대교의 역사, 관습, 윤리, 철학, 율법에 관한 내용과 유대인의 목사와 같은 스승인 랍비의 교훈과 가르침이 담겨있다.

이어서 도끼와 나무, 어린 과일나무, 등불을 든 이유, 선과 악, 눈에 보이지 않는 보석, 다른 사람을 이기는 법, 세 친구, 불만이 무엇인가, 수고를 통해 지혜에 대하여 알아보려고 한다.

①도끼와 나무
이 세상에 쇠가 발견되었을 때 온 세상의 나무들은 절망에 빠졌다.
"자, 이제 우리는 끝장이다. 저 단단한 쇠붙이가 우리를 자르기 시작한다면 꼼짝없이 다 베어지고 말겠지?" 나무들이 이렇게 탄식하고 있을 때 탈무드의 지혜의 철학에서는 "근심하지 마라, 너희들이 자루를 만드는 재목을 주지 않는 한 쇠는 너희들에게 상처를 입히지 못할 것이다"라고 말했다.

②어린 과일나무
나이 많은 노인이 앞뜰에다 어린 과일나무를 심고 있었다.
지나가던 사람이 그 모습을 보고 물었다.
"저 작은 나무를 지금 심으면 언제쯤이나 그 나무에서 과일 열매를 수확할 수 있을까요?"
"한 삼십 년 후에나 거둘 수 있지요" 하고 할아버지가 말했다.

그 남자는 놀라면서
"아니 그럼 할아버지가 백 살이 넘어서야 따서 잡수실 수 있겠네요?"
그 말에 할아버지는
"아니요. 내가 그렇게 오래 살 리가 없다는 것을 잘 알고 있소. 그러나 내가 이 세상에 사는 동안 이 뜰에 있는 나무에는 열매가 풍성하게 열렸지요. 그것은 내가 태어나기 전에 나의 할아버지가 과일나무를 심어두셨기 때문에 이제 나도 먼 손자를 위해서 같은 일을 하고 있을 뿐이요."라고 말했다.

③등불을 든 이유
어떤 사람이 깜깜한 밤길을 걸어가고 있었다.
그런데 맞은편에서 등불을 들고 다가오는 사람이 있어 가까이 왔을 때 보니 등불을 든 사람은 앞을 보지 못하는 장애인이었다. 이상한 생각이 들어 물었다.
"당신은 앞을 보지도 못하면서 왜 등불을 들고 다니십니까?"
그러자 그 장님이 대답하길
"내가 이 등불을 가지고 다니면 사람들이 내가 걷고 있다는 것을 알게 되고 따라서 서로 부딪히는 일이 없게 되니까요."

④선과 악
온 세상을 뒤덮는 홍수가 일어났다.
온갖 동물들이 선착장으로 몰려오고 그때 착한 선(善)도 헐레벌떡 달려갔다.
그러나 뱃사공은 말하였다.
"이 배는 짝이 있는 것만 태우지 짝이 없는 너는 태울 수가 없겠구나."
선(善)은 할 수 없이 되돌아서서 자기 짝이 될 상대를 찾아 헤매었다.
얼마 후 선(善)은 악할 악이라는 악(惡)을 데리고 가서 사공에게서 배를 탈 수 있게 허락받았다.
그 이후부터 선이 있는 곳에는 언제나 악도 함께 있게 되었다.
즉, 이 세상에는 양(陽)과 음(陰)이 있듯이 하늘이 있으면 땅이 있고 낮이 있으면 밤이 있고 불이 있으면 물이 있는 이치다.

⑤눈에 보이지 않는 보석
어느 날 랍비는 배를 타고 외국 여행을 떠났다.
함께 배를 탄 승객들은 모두 부자들로 갖가지 보석을 몸에 지니고 있었다.
여행 중 심심해진 사람들이 자신이 가지고 있는 보석을 자랑하기 시작하였다. 랍비는 물끄러미 바라보기만 하고 있는데 그때 한사람이 당신도 자랑할 만한 것이 있으면 내어서 보여달라고 하였다.

그러자 랍비가 말하였다.
"나는 누구보다 훌륭한 보석을 지니고 있소."
사람들은 무슨 뜻인가 하면서 서로의 얼굴을 바라보고 있을 때 랍비가 다시 말하였다.
"나는 누구보다 훌륭한 보석을 가지고 있으나 내 보석을 보여줄 수 없는 것이 유감이오. 왜냐하면 지혜의 빛은 눈에 보이지 않기 때문이오"
그 말은 사람들은 보석보다 지혜가 더 가치 있다고 하니 비웃으며 가소로운 듯이 쳐다봤다.
사람들이 비웃고 있을 때 해적선이 와 사람들은 보석을 몽땅 빼앗기고 말았다.
그러나 랍비의 머릿속에 든 지혜만은 빼앗길 수가 없었다. 이렇게 모든 것을 돈으로 대신할 수 있어도 건강과 지혜만은 돈으로 살 수도 없고 빌릴 수도 없다.

⑥다른 사람을 이기는 법
어떤 사람이 이웃집에 가서 낫 좀 빌려달라고 하였다.
주인이 하는 말이 "나는 남에게 연장을 빌려주지 않습니다." 하였다.
하는 수 없이 빌리러 간 사람은 빈손으로 돌아올 수밖

에 없었다.
그리고 얼마 후 이웃집 사람이 달려와서 급히 쓸데가 있어 그러니 말좀 빌려달라고 하였다.
그러자 "며칠 전에 내가 낫을 빌리러 갔을 때 무어라고 했는지 기억 안 나십니까?" 하고 물으며 "그러나 나는 당신에게 말을 빌려드리죠."라고 하였다.
이것이 사람을 이기는 참다운 방법의 지혜이다.

⑦세 친구
세 사람의 친구가 있었다.
첫 번째 친구는 언제나 반가워하고,
두 번째 친구는 그다지 소중하지 않은 친구이고,
세 번째 친구는 큰 관심을 두지 않는 친구였다.

어느 날 왕으로부터 곧 궁으로 들어오라는 왕명을 받았다.
무슨 일인지 알 수가 없어 궁궐에 들어가는 게 겁이 났다.
그래서 친구에게 찾아가서 함께 궁에 가자고 부탁을 했다.
부탁을 받은 첫 번째 친구는
"아니 내가 왜 같이 간단 말인가!" 하며 쌀쌀맞게 말했다.

첫 번째 친구에게 매정하게 거절당한 후 힘없이 두 번째 친구에게 찾아가서 부탁하였다.
두 번째 친구는
"그것참 안 되었네, 그런데 나도 궁궐에 가는 것은 어쩐지 겁이 나서 궁궐 앞까지만 같이 가겠네."라고 말했다.
그래서 마지막으로 세 번째 친구에게 찾아갔더니 이야기를 다 들은 친구는 손을 잡으며
"암 함께 가주고 말고 자네는 아무것도 나쁜 짓을 하지 않았으니 두려워할 것 없네."라고 위로해 주었다.

이 세 사람의 친구는 무엇을 의미하는 걸까?
첫 번째는 재산을 의미하므로 재산을 모으기 위해 그토록 애를 쓰지만 일단 죽은 후에는 모두 남의 것이 되고 만다는 의미이다.
두 번째 친구는 친척을 의미한다.
친척은 살아있는 동안에 서로 돕고 친하게 지내며 그 사람이 죽은 뒤에도 무덤까지 따라가 준다.
그러나 땅속에 묻힌 뒤에는 오래지 않아 그 사람을 잊고 자기의 삶을 살아간다.
세 번째 친구는 착한 일을 의미한다.
평소에 그다지 눈에 띄지 않고 관심을 갖지 않지만, 그 사람이 죽고 나면 살아있을 때 그 사람이 했던 착한 일

은 오랫동안 기억되며 그 사람의 이름을 빛나게 하는 소중한 것이다.

⑧불만이 무엇인가?
키가 작은 사람과 키가 큰 사람이 친구였다.
어느 날 두 사람은 음식점에서 식사하게 되었다.
두 사람은 똑같이 스테이크를 주문했고 잠시 후 웨이트리스가 큰 스테이크와 작은 스테이크를 접시 하나에 담아왔다.
키가 큰 사람이 먼저 키 작은 사람에게 드시라고 먼저 권했다. 그러자 사양하며 서로 권하다가 키 작은 사람이 먼저 실례하겠다고 음식을 가져갔다.
큰 스테이크를 자기 앞에 옮겨 놓고는 쩝쩝거리며 맛있게 먹었다.
하는 수 없이 키가 큰 사람은 작은 스테이크를 먹을 수밖에 없었다.

식사를 다 마치고 키 큰 사람이 아무래도 불쾌했는지 말문을 열었다.
"나 같으면 먼저 손댔을 때는 작은 스테이크에 손을 댔을 텐데."라고 말하자
키 작은 사람이 말하였다.
"그렇다면 결국 당신이 원하는 데로 된 셈인데 뭐가 불

만인 거죠?"
자기 자신의 몫에 불만이 없이 만족하는 사람이 풍족한 사람이다.

⑨수고
청년이 허락 없이 소를 잡은 죄로 체포되었다.
청년의 가족들은 배심원을 찾아 가 뇌물을 주면서 부탁을 하였다.
"제발 감옥에 가는 일은 막아주십시오. 벌금형으로 끝날 수 있도록 힘써주십시오."
그래서 청년은 재판에서 벌금형을 선고받게 되었다.
재판이 끝난 후 배심원이 청년의 가족들에게 말하였다.
"벌금형을 받게 하느라 정말 힘들었습니다."
이 말은 들은 가족이 말하였다.
"수고가 많으셨군요. 그래서 다른 배심원들은 징역형을 주장하던가요?"
그러자 배심원이 고개를 저으며 하는 말이
"아니요. 다른 배심원들은 무죄로 석방해야 한다고 주장했습니다."

⑩결과가 뻔하다.
유대인 두 사람이 이야기를 나누고 있었다.
"여보게 이번에 자네 친구 한 사람이 사업을 시작하면

서 자네와 동업하기로 했다는 게 사실인가?"
"물론이지 그 친구가 원해서 응했네."
"그것참 이상하기로 자네처럼 돈 한 푼 없는 친구를 어째서 동업자로 택했을까?"
"무슨 말씀을 비록 돈은 없지만, 나에게는 누구보다도 풍부한 경험이 있다네."
"아 그렇다면 얼마 후에는 자네가 재산을 한몫 챙기고 그 친구는 경험이 풍부한 빈털터리가 되겠군!"
이 말은 사업이란 영리를 추구하여 이익을 얻는 일로 동업은 자본금을 투자한 만큼 이윤을 분배하는 것이 공평하다는 말이다.

⑪소변 검사
어떤 남자가 진찰을 받게 되었다.
의사가 소변을 검사해야 한다고 소변을 받아 오게 하였다.
그는 집에 돌아가서 큰 병에 소변을 가득 채워 가져왔다.
"너무 많이 받아오셨군요. 하긴 너무 적은 것보다는 낫지요." 의사는 놀리듯 말하고는 검사를 했다.
"아무 이상이 없습니다."하고 의사가 말하자 그 사람은 재빨리 우체국으로 가서 자기 집으로 전보를 쳤다.
[가족 모두 건강하니 안심하여라]

⑫배웅하지 않는 이유

사업상 거래를 끝낸 손님이 돌아가게 되었을 때 주인이 자리에 앉은 채로 말했다.

"그럼 안녕히 가십시오"

그러자 손님은 불쾌한 얼굴로 말했다.

"당신은 조금 전 다른 손님에게는 예의 바르게 문 앞까지 나가서 배웅하더니 내게는 왜 그렇게 하지 않는 겁니까? 그 사람은 3개월짜리 약속어음을 주었고 나는 현금결재를 하였는데 말이오."

그러자 주인이 웃으면서 말했다.

"바로 그 이유 때문입니다. 약속어음을 준 사람은 내 가게 앞에서 넘어져 다치기라도 하면 나는 큰 손해를 보게 될 테니까요."

11. 천 년 동안 사랑받는 탈무드

　카톨릭의 성서 성경이 최고의 베스트셀러 라면 탈무드는 유대인의 정신문화의 원천으로 높이 평가되는 작품이다.
유대인들이 팔레스타인을 떠나 로마 제국 여러 곳에 뿔뿔이 흩어지게 되자 유대인들은 동질성을 유지할 방법으로 탈무드를 구상하게 되었다.

탈무드는 흩어져 있던 민족의 가르침들을 하나의 책으로 완성했으며 유대인의 신앙과 민족정신을 바탕으로 탁월한 교육과 경제활동을 가능하게 해준 바탕이 되어 왔다.
경전이자 잠언집이요 하나의 문학이기도 하다.
삶의 지혜는 물론이고 처세술, 교훈이나 일화들이 있는가 하면 어린이들도 재미있어하는 우화나 동화도 많다.

1,500년 전 2천여 명의 학자들이 10년 동안 편찬한 것

이며 따라서 탈무드에는 유대인들의 정신적 문화적 자산이 들어있다. 그 분량도 방대하여 총 20권에 1만 2천 페이지인데 250만 개 이상의 단어로 이루어져 있고 무게가 75kg이나 된다.

탈무드의 성립은 유대인 곧 이스라엘 민족의 역사이다. 이집트에서 노예 생활을 하던 이스라엘 민족을 구출한 모세는 시나이산에서 하나님으로부터 율법을 받고 그 가르침을 입에서 입으로 전했으며 학자들이 그것을 백성에게 가르침으로써 오늘날까지 전해오게 되었다.

유대인들이 흩어진 곳에서 수많은 랍비가 나타나 제각각 가르침을 펴게 되자 유대교는 여러 작은 집단으로 분열될 위기를 맞게 되었다.
이때 랍비 아카바가 나타나 랍비들의 가르침을 모아 정리하기 시작했고 편집 작업을 거쳐 서기 200년 무렵 완성되었다. 이때가 우리나라는 고려 시대였고 중국에서는 천하를 통일하기 위해 손무가 <손자병법>이라는 전술 방법을 쓴 시기이다. 이후 프랑스 나폴레옹은 손자병법을 읽고 유럽 전역을 휩쓸며 가는 곳마다 전승하였다.

탈무드는 워낙 방대한 양이지만 간략하게나마 좋은 내

용을 소개해 보고자 한다.
사람은 살 권리를 가지고 있는데 살기위해 필요한 물건을 소유할 권리를 가지고 있다.
인간에 대한 사랑은 이웃을 자기 몸과 같이 사랑할 정도로 인종과 종교의 차별 없이 남을 사랑해야 한다.
한 부모는 열 명의 자녀를 보살필 수가 있다. 하지만 열 명의 자녀가 한 부모를 섬기기는 어렵다.

가난한 사람을 칭송하는 부자는 사기꾼이며 자신의 가난을 자랑스레 떠벌리는 사람은 저열한 사람이다.
거짓말쟁이는 다른 사람이 자기를 의심하는 것을 가장 참지 못한다.
돈을 빌려주었는데 그가 정말로 돈을 갚을 수 없음을 알았다면 그의 집 근처에도 가면 안 된다.
여자를 판단하는 데는 세 가지 기준이 있다. 요리, 옷, 남편 이 세 가지는 모두 여자가 만드는 것이다.

유대인은 교육을 중시하는 민족이기 때문에 세계적으로 1등 수준의 국민이다.
로마군에게 함락되기 직전일 때에도 유대인이 제시한 항복 조건은 단 하나 학교를 계속 유지하게 해달라는 것이었다.
이 학교에서는 탈무드를 가르치며 유대인만의 민족의

정체성을 지켜왔다.
수천 년간 유대의 민족성을 지켜오며 가정교육의 교재로 가르치기도 한다.

또한 유대인은 경제에 강한 민족이다.
단단한 신용을 바탕으로 하는 상업활동을 전 세계적으로 펼쳐왔다.
탈무드는 무역, 부동산, 상행위, 계약이행 등 광범위한 경제활동을 규제하는 국제 법같은 기능을 했다.
탈무드는 유대인의 신앙과 민족정신의 원천이며 뛰어난 교육과 탄탄한 경제활동을 가능케 해준 바탕을 이루고 있는 것으로써 현재까지도 영향력을 행사하고 있는 위대한 책이라고 할 수 있다.

생각하는 힘을 키우는 탈무드 이야기 중에 <약속>과 <위기를 극복한 부부>를 소개하려고 한다.
<약속>
아름다운 아가씨가 가족들과 여행을 하고 있었다.
그러던 어느 날 아가씨가 잠깐 혼자서 산책을 즐겼는데 그만 산속에서 길을 잃고 말았다.
한참을 헤매던 아가씨는 너무 목이 말라 물을 찾았다.
그러다 어떤 우물가에 이르렀는데 너무 심한 갈증을 느낀 나머지 두레박 줄을 타고 우물 속으로 내려갔다.

실컷 물을 마시던 아가씨는 문득 다시 올라갈 생각을 하니 앞이 캄캄하여 울음을 터트렸다.
때마침 그 옆을 지나가던 젊은이가 그 소리를 듣고 그녀를 구해주었다. 그리고 그들은 첫눈에 반해 사랑을 맹세하는 사이가 되었다.
얼마 후 젊은 청년은 먼 길을 떠나지 않으면 안 될 사람이었기에 아가씨와 잠시 떨어져 있어야 했다.
젊은이는 두 사람의 약속을 위해 누군가 증인이 필요하다고 생각하였는데 마침 족제비 한 마리가 나타나 숲을 향하여 가고 있었다.

아가씨가 말했다.
"이 우물과 저 족제비를 우리 약속의 증인으로 삼아요."
그 둘은 우물과 족제비를 증인으로 삼고 자신들의 사랑을 성실히 지킬 것을 굳게 약속했다. 그런 후 두 사람은 헤어졌다.
시간이 많이 흘러갔지만, 아가씨는 약속을 지키기 위하여 결혼도 하지 않은 채 젊은 청년만을 기다렸다.
그러나 젊은 청년은 까맣게 잊고 다른 여자와 결혼하여 아기까지 낳고 행복하게 살고 있었다.

어느 날 아기는 아장아장 걸음마를 하다가 지쳐서 풀밭

에서 잠이 들었다.

그때 어디선가 족제비 한 마리가 나타나더니 자는 아기의 목을 물었다. 그만 아기는 죽고 말았다. 부부는 몹시 슬퍼하였다.

얼마 후 부부에게 또 아들이 태어나 그들은 행복한 나날을 되찾을 수 있었다.

그런데 그 아기가 우물가에서 물에 비친 그림자를 들여보다가 그만 빠져 죽고 말았다.

젊은이는 그제야 비로소 옛날 아가씨와 맹세했던 약속이 생각났다.

그는 아내에게 그 일들을 고백한 뒤 아가씨가 사는 마을에 가 보았다.

그녀는 그때까지 혼자서 젊은이를 기다리고 있었다.

젊은이는 자신의 실수로 많은 사람을 슬프게 만든 것을 뉘우치며 반성하였다.

약속을 지키지 않고 마음이 움직이는 대로 행동하면 자신뿐 아니라 남에게까지 불행하게 만든다. 탈무드는 이런 비유로 인성교육을 가르치고 있다.

<위기를 극복한 부부>
결혼한 지 10년이 지난 부부가 있었다.
그들은 금슬좋은 부부로 겉으로는 매우 행복해 보였다.

하지만 남편이 랍비에게 찾아와 이혼을 허가해 달라고 청하였다.
랍비는 무슨 이유냐고 물어보았다.
아내가 아이를 낳지 못하여 부모님이 이혼을 강요한다고 하였다.

유대인의 전통에 의하면 결혼 후 10년이 넘도록 아이를 낳지 못하면 남자는 이혼하자고 말할 수 있었다.
하지만 남자는 이렇게 말하였다.
"나는 아내를 사랑합니다. 사실은 이혼하기를 원하지 않지만. 가족들의 성화로 어찌해야 할지 모르겠습니다."
랍비는 해결책을 가지고 있어 남편에게 이렇게 말하였다.
"아내를 위하여 성대한 파티를 열도록 하세요. 그리고 초청한 사람들에게 아내가 얼마나 훌륭했는가를 자랑스럽게 말하세요."

랍비의 말을 들은 남편은 매우 만족했다. 그는 아내가 싫어서 헤어지는 것이 아니라는 것을 사람들에게 꼭 밝히고 싶었기 때문이다.
랍비는 이번에는 남편에게 이렇게 물었다.
"아내와 헤어질 때 어떤 선물을 주고 싶나요?"
남편은 아내가 오래도록 간직할 수 있는 것을 선물로

주고 싶다고 말했다.
랍비는 아내를 불러 남편이 선물을 주고 싶다는 걸 말해주었다.

마침내 파티가 열리고 남편이 아내에게 물었다.
"내가 가지고 있는 중에서 당신이 가장 갖고 싶은 것을 하나만 말 하시오. 그것이 무엇이든 선물로 주겠소."
아내는 그 자리에서 가장 갖고 싶은 것 한 가지는 남편이라고 말하였다.
이야기를 듣고 남편은 물론 파티장에 모인 모든 사람이 감동하여 눈시울을 붉혔다.
그리하여 그들은 이혼하지 않고 행복하게 살 수 있었다.
그런데 훗날 그들에게 두 아들이 태어났다고 한다.
이 이야기는 부부의 사랑으로 어려움을 극복했다는 이야기다.

인간이 살아가는데 가장 중요한 것이 사랑이다.
사랑하는 사람끼리는 아무것도 바라지 않는다. 오직 서로만 소중하게 여긴다.
그러기에 어떤 어려움이 와도 쉽게 이겨내며 사랑은 또 불가능한 것을 가능하게 만들어낸다. 그러기에 부부가 두 아들을 얻게 된 것이다.

사랑이 물질을 바라면 물질이 떨어질 때는 사랑에 금이 간다. 그러므로 사랑하는 사이에 재산을 바라보는 것은 위기의 시작이다.
우리나라도 교과서에 수록되어 학생들에게 생각을 키우는 교육으로 활용되고 있다.

이스라엘 국민을 유대인이라고 부른다.
그들은 천년의 세월을 세계 각지로 떠돌아다니며 유랑생활을 하여 그 땅의 인종과 혼교를 거듭하였기 때문에 문화, 종교가 다양하다.
유대인은 백인이지만, 일부는 흑인도 있으며 '유대 코'라고 불리는 갈고리 모양의 독수리 코도 지배적인 특징을 가지고 있다.
독일에 나치당 히틀러가 유대인을 무차별 학살로 유대인 말살 정책을 할 때는 매부리코만 보고도 잡아다가 처형하였다.

이스라엘 국민 중에는 아랍인이 많이 포함되어 있다.
전 세계로 분산된 유대인은 약 1,300만 명으로 50%는 아메리카 대륙에 살고 있다.
기독교의 시조 예수님도 유대인이며 갈릴리의 나사렛에서 가난한 목수의 아들로 태어나셨다. 얼마 전에 사망한 미 국무장관인 헨리 키신저와 <쥬라기 공원>으로 유명한 영화감독 스티븐 스필버그도 유대인이다.
이들의 선조들이 유대인 박해를 피해 이주하여서 그곳에서 태어났다.

유대인들은 세계 각지에 흩어져 살아도 탈무드를 늘 몸에 지니고 다니며 읽었기 때문에 지혜의 힘이 되어 인정받는 국민이 되었다.
그들은 가장 뛰어난 지혜를 가지고 있고 경제적 부를 갖춘 사람이 많아 자금력을 동원하는데 탁월하다.
유대인들이 나라도 없이 2천 년 동안이나 박해를 견디면서도 민족을 유지할 수 있었던 것은 그들의 끈질긴 생명력에서 의미가 생긴다. 그 힘은 탈무드에 지대한 영향을 받았기 때문이다.

탈무드는 지혜의 바다이다.
5천 년간 전해져 내려온 유대인의 역사이자 지혜의 보물상자로 가르침의 교훈이라는 뜻이다.
사람이 살아가면서 부딪히게 되는 다양한 문제들을 현명하게 풀어내어 오늘날까지 삶의 지침서로 전 세계인의 사랑을 받고 있다.
유대인의 슬기로움이 담겨있는 111가지 이야기 속에는 아이들에게 살아가는 지혜와 재치, 용기, 웃음, 효와 우정, 봉사와 협동, 감사 등이 가득 담겨있다.

아이들의 자존감을 키워주고 배꼽을 잡고 웃기도 하고 슬픔의 눈물을 흘리기도 하며 기뻐하는 등 상상력, 언어력, 인성, EQ, 정서 면에서 눈에 띄게 발달을 가져온다.
배움의 교육은?
배우면 큰 인물로 성장하지만, 배우지 않으면 겉모습만 사람일 뿐 정신은 동물에 지나지 않는다.
교육은 큰 인물을 만들고 마음과 생각을 대범하게 만들며 용기를 길러준다. 그러므로 독서량과 비례하여 독서량이 많으면 인격과 인품이 큰 사람으로 성장하고 한 권의 책도 읽지 않으면 안하무인(眼下無人)이 된다.
그런데도 사람들은 시간이 남아돌아 빈둥대면서도 독서하는 것을 벌레 씹는 것보다도 더 싫어한다. 제자리에서 멈추면 더는 성장하지 않는다.

독서는 습관이다.
초등학교부터 독서에 취미를 붙이면 나이가 들어서도 늘 책을 가까이하지만, 어려서 책을 멀리하면 늙어 죽을 때까지 책과 멀어져 책 한자도 읽지 않고 죽음을 맞이한다.
아이들이 탈무드를 읽으면 배울 게 많아진다.
본 필자도 자녀들에게 열 마디 하는 것보다 꼭 탈무드를 읽도록 가르쳤다.

세계 여러 나라의 지혜로운 이야기와 속담, 고사성어, 전설, 위인들의 명언 등을 읽으면 올바른 가치관이 생기므로 동화로 되어있는 접근하기 쉬운 책이라도 읽어야 한다.
이스라엘 유대인은 예수님의 가르침인 성경보다도 탈무드를 더 신뢰한다.

이스라엘 내국인은 830만 명으로 서울 인구보다도 적다.
국토도 대한민국의 ⅕밖에 되지 않는 작은 나라이다.
이렇게 작은 나라이지만 유대민족은 종교적으로나 경제적으로 강한 국민이다.
미국에 거주하는 유대인의 후손은 2%로 그들이 미국경제와 정치계를 움직일 만큼 영향력이 대단하다.
유대인들의 명절에는 뉴욕 한복판에서 세일 하기도 하고, 휴무하는 곳도 있다.

유대인의 후손 중 노벨상을 탄 사람, 세계 억만장자들도 유대인들일 정도로 부와 지혜의 대명사들이다.
미국 화폐의 권한을 가진 연방제도 이사회장도 유대인으로 세계 영향력 있는 인물 11위에 올랐다.
이스라엘 정보기구 모사드의 정보력은 세계 최강을 자랑하여 모사드를 공습한 하마스는 땅굴에 바닷물 침수

작전으로 보복하여 전쟁으로 갈등이 극에 달하고 있다.

유대인은 현실을 직시하고 적극적인 자세로 사고하여 부를 축적한다는 목표 달성 능력이 누구보다 탁월하다. 그들은 부의 축적을 매우 중요한 목표로 생각한다.
세계 1위 부자인 마이크로 소프트 창업자 빌게이츠, 애플 창업자 스티븐 잡스, 구글 창업자, 페이스북 창업자, 골드만 삭스 창업자도 모두 유대인으로 전 세계적으로 한 획을 그은 인물들이다.

모든 분야에서 탁월한 영향력을 가진 인물의 배경에는 특이한 공부법이 있다.
우리나라처럼 골방에서 자기 혼자 공부하거나 절에 들어가는 옛날 방법 또는 요즘처럼 인터넷 강의하는 것이 아니라 유대인들은 대화를 통해서 학습한다.
서로가 질문하는 방식으로 서로의 생각을 토론한다.
부모와 자녀 간에도 대화할 때 지시나 명령이 없이 오직 열린 질문을 통해 스스로 창의적인 해결책을 찾는다.

유대인들은 탈무드를 놓고 두 사람이 짝을 이루어 서로의 생각을 주고받는 것을 무수히 반복한다.
상상력과 창의력을 키우고 생산적 대안을 마련하는 데

크게 기여한다. 이것이 인재로 키우는 방식이다.
유대인들은 자녀가 스무 살이 되면 성인식을 치르는데 성인 축하금으로 5천만 원의 종잣돈을 주어서 돈을 굴리는 것이 중요함을 알려준다.
어릴 때부터 이재에 대한 철저한 실습으로 세계에서 가장 막강한 부자로 성장한 것이다.

셰익스피어의 희곡 <베니스의 상인>만 보더라도 샤일록이 얼마나 미움받는 돈 많은 유대인인지 알 수 있다.
전 세계 민족 중 유대민족만큼 미움을 사고 모진 박해를 받은 민족은 없었다.
나라 없이 각지를 유랑하던 유대인이 오늘날 가장 영향력을 행사하는 집단으로 성장한 점은 단순한 호기심 그 이상으로 연구할 만한 가치가 있다.

이들의 파워에는 특징이 있다.
탈무드를 통해 배운 대로 이 나라 저 나라를 떠돌며 터득한 지혜이다.
또한 수적으로 열세라는 단점을 잘 알고 있으므로 경제력과 금융, 문화예술, 특수권력의 성장 이 세 개의 축으로 확대했다.
열악한 환경에서 끈질기게 탈무드의 배움이 없었다면 유대민족의 미래는 암울하기만 했을 것이다.

잡은 물고기에는 먹이를 주지 않는다, 고기를 주지 말고 잡는 법을 알려줘라. 라는 명언을 비롯해 탈무드에는 다음과 같은 명언들이 있다.
①침묵은 지혜의 울타리다.
②가장 지혜가 깊은 행동은 상대에게 친절한 것이다.
③인생에서 가장 위험한 때는 아무런 위험이 없을 때다.
④승자는 행동으로 말을 증명하지만, 패자는 말로서 변명한다.
⑤사람의 진정한 성품은 힘들 때 나타난다.
⑥상대에게 한 번 속았을 때는 속인 사람을 탓하라. 그러나 두 번 속으면 자신을 탓하라.
⑦술이 머리에 들어가면 비밀이 밖으로 밀려 나간다.
⑧말은 깃털처럼 가벼워서 주워 담기 힘들다.
⑨지혜로운 사람은 본 것을 이야기하지만, 어리석은 사람은 들은 것을 이야기한다.
⑩지혜로운 사람은 세상에 밝은 빛을 뿌린다.
⑪슬기로운 자와 벗하면 자연히 현명해지고, 어리석은 자와 벗하면 기필코 해를 입는다.
⑫남을 헐뜯는 것은 세 사람을 죽이는 일이다. 자기 자신, 상대방, 그리고 듣고 있는 사람
⑬명예는 재산보다 소중하고 존경받는 것은 금은보다 값지다.

⑭책을 읽지 아니하고 생각하지 않으면 동물에게 짐을 싣고 걷는 것과 다를바 없다.

⑮세상에서 그 무엇과도 바꿀 수 없는 것은 그것은 젊어서 결혼하여 함께 고생했던 조강지처인 늙은 아내다.

예수 그리스도

12. 철학의 가르침

 철학이란?
세계와 인간의 삶에 대한 근본 원리 즉 인간의 본질 세계관들을 탐구하는 학문이다. 자신의 경험에서 얻은 인생관, 세계관, 신조 따위를 이르는 말로 철이 든다고도 할 수 있다.
주관이 있는 사람은 자신만의 삶의 철학을 가지고 있다.
나는 이 세상을 이러이러하게 살아갈 것이야. 하며 자기 철학을 말하기도 한다.
세계적으로 유명한 철학자도 많아 많은 이들에게 울림을 주기도 한다.
석가모니, 공자, 예수, 소크라테스는 4대 성인이며 지혜의 등불과도 같은 철학자들이다.

옛날 계급사회의 제왕이나 현대의 김일성 3대 독재자에게는 철학이 필요 없었다. 그들은 '무치'이기 때문이다.

무치란?
그가 하는 것이 곧 법이며 부끄럼이 없는 사람이기에 무슨 짓을 해도 감히 탓하거나 질타할 수가 없다.
그래서 무륜(無倫)이라고도 한다.

역사는 폭군을 패륜이라 기록하나 제왕의 허물을 기록하지 않는다. 그러니 제왕은 무치, 무륜이다.
도덕이나 윤리가 없는 제왕과도 같은 북한의 김일성, 김정일, 김정은 3대의 세습정치에는 그들이 기쁨조에 빠져있을 때 누구도 지적할 수 없었다. 단점을 지적하는 행위는 존엄을 훼손하는 일로 충언하는 이는 곧 숙청 대상이 되기 때문이다.

무치, 무륜 의식을 가진 독재자들의 특징은 사람의 인권을 무시하고 생명을 경시하며 많은 사람의 목숨을 빼앗는다.
그들에게는 올바른 철학이 없기 때문이다.
오로지 자신의 부귀영화와 세습을 유지하기 위한 독재정책만이 그들이 가진 철학이다.

서양에 소크라테스가 유명한 철학자였다면
동양에는 공자와 석가모니가 대표적이다.
지금으로부터 2,500년 전 중국의 공자님이 유교 사상을 창시하고 오랜 세월이 흐린 지금까지도 모르는 사람이 없을 정도로 뿌리박혀있다.
그는 왕도 아니고 귀족도 아니었으나 그의 지혜의 철학은 바다와 같이 넓고 하늘과 같이 높아서 따르는 자가 많았다.
우리나라도 그의 유교 사상을 물려받아 석가모니의 불교와 함께 지대한 영향을 받았다.

공자께서는 인생이란? 가시나무 숲을 가치관이라는 솜저고리를 입고 지나가고 있다고 생각해 보면 솜저고리를 입고 가시나무 숲길을 뚫고 지나가면 솜저고리가 성할 리가 없는 것과 같다고 하였다.
이런저런 곡절을 겪다 보면 자기가 굳게 믿고 있던 가치관이 흔들리는 경우가 있게 마련이다.
따라서 세상에 자신이 도덕적으로 완벽하다고 자신의 가치관은 절대 흔들림이 없다고 말힐 수 있는 사람은 거의 없다.
스스로 일생을 자신의 가치관대로 일관되게 유지할 수 없는데 타인에게 엄격한 잣대를 적용할 수 없는 법이다.
따라서 적당한 수준의 관용이 필요할 것이다.

<u>공자님의 인생 명언</u>
①어디를 가든지 마음을 다해라.
②상처는 잊되 은혜는 절대 잊지 말라.
③한사람에게서 모든 덕을 구하지 말라.
④허물이 있다면 버리기를 두려워 마라.
⑤절약 없이 낭비가 심하면 고통을 받게 된다.
⑥앞날을 결정짓고자 한다면 옛것을 공부하라.
⑦지나침은 모자란 만 못하다.
⑧스스로 존중하면 다른 사람도 그대를 존경한다.
⑨흠 없는 조약돌보다 흠 있는 큰 금강석이 더 낫다.
⑩충성과 신의를 첫 번째 원칙으로 지켜라.
⑪멈추지 않으면 천천히 가는지는 문제가 안 된다.
⑫실수를 부끄러워 말라. 부끄러워하면 실수가 죄악이다.
⑬화가 치밀어 오를 때는 그 결과를 생각하라.
⑭본 것은 기억하고 해본 것은 이해하여라.
⑮배우기만 하고 생각하지 않으면 얻는 것이 없다.
⑯생각하기만 하고 배우지 않으면 위태롭다.
⑰덕이 있는 사람은 외롭지 않나니 반드시 이웃이 있다.
⑱인간의 천성은 비슷하나 습관의 차이가 큰 차이를 만든다.
⑲내가 원하지 않는 바는 남에게 하지 말아라.

⑳모든 것에는 아름다움이 있지만, 누구나 그것을 보진 못 한다.
㉑가장 현명한 자와 가장 어리석은 자만이 절대 변하지 않는다.
㉒가장 위대한 영광은 실패하지 않음이 아니라 실패할 때마다 다시 일어서는 데 있다.
㉓산을 옮기는 자도 작은 돌 하나를 옮기는 것부터 시작한다.
㉔인생은 참으로 단순하지만 우리는 그것을 복잡하게 만들려고 한다.
㉕훌륭한 사람은 항상 착함을 생각하고, 보통사람은 안락함을 생각한다.

인생은 사계절과도 같다.
봄에 새싹을 뿌리고,
여름에 무성하게 자라고,
가을에 추수를 하며
겨울은 봄을 위해 기다리는 시기다.
인생의 길에서 일희일비(一喜一悲)하지 말고 구름처럼 무심히 흘러가도록 두면 된다. 그리하면 사사로운 괴로움들은 분명히 구름처럼 유유히 지나간다.

동양의 철학자 중 가장 신망이 두터운 철학자인 공자가

세상에 남긴 말과 어록들은 지금까지 잊혀지지 않고 사람들에게 많은 가르침을 전해주고 있다.
옛 성현들의 좋은 말씀을 되새기다 보면 여러 가지 크고 작은 깨달음 속에 삶의 지혜를 얻을 수 있는데 말씀을 통해 얻는 지혜는 곧 지혜로운 생각이 되고 지혜로운 생각은 어진 말로 이어지며 어진 말은 곧 선한 행동으로 드러나게 된다.

공자는 어떤 인품을 가졌는가?
춘추전국시대에 아버지와 아들이 서로를 폭행하여 법정에 서게 된다.
사람들은 아들을 처형시키라며 아우성이었다.
재판장은 유교의 창시자 공자였다.
그는 사형 대신 아버지와 아들을 각각 3개월 감옥에 가두게 하였다.
두 사람은 옥살이하는 동안 서로가 뉘우치고 반성하게 되었다.
공자는 어짐을 상실하였기 때문이라고 하였다.
사람은 사람다워야 하는데 사람답지 못하여 가족을 사랑할 줄 모르기 때문이라고 하였다.

공자는 3살 때 아버지가 돌아가시고 얼마 후에 또 어머니까지 돌아가셨다. 19살에 결혼한 공자는 자식도 낳고

창고지기나 비천한 일을 하면서 늘 공부에 힘쓰며 많은 것을 배워 모든 사람이 존경하는 인물이 되었다.
그러자 많은 제자가 그를 따랐고 공자는 천하를 주류하다가 고향인 노나라로 돌아왔다.

선비들은 일하지 않고 글만 읽기 때문에 늘 가난과 굶주림에 시달리며 잦은 병마와 싸우며 살았다.
실력이 있는데도 왕의 자리를 마다하고 벼슬도 원치 않았고 오로지 책을 쓰며 후학 양성에만 힘을 써 지금까지 <논어>를 비롯해 다수의 철학적 사상을 담은 서적을 남겼다.
아들이 죽고 제자 안희가 죽자 공자는 74세에 병을 얻어 동양의 큰 별이 되어 생을 마감했다.

'너 자신을 알라'라는 명언을 남긴 그리스 철학자 소크라테스는 서양에서는 첫 번째 철학지였으며 공자보다 이후의 사람이었다.
그의 직업은 석공 군인이었으며 철학자로의 명성을 이룬데 에는 그리스가 섬기는 신을 부정하여 500명의 배심원에게 사형표를 받아 71세의 나이로 사약을 받고 사형당했다.

세계 4대 성인은 모두 2,000년 전 사람들로

공자에게는 70명의 제자가 있었고,
석가모니는 10명의 제자
예수 그리스도는 12명의 제자
소크라테는 18명의 제자가 있었다.
소크라테스의 제자 중 플라톤이 스승의 사상을 책으로 편찬하여 기록으로 남길 수 있었다.

소크라테의 얼굴은 둥글고 크며 이마가 벗겨지고 개구리처럼 툭 튀어나온 눈에 주저앉은 납작한 코, 두툼한 입술 작은 키, 거미처럼 튀어나온 배, 그리고 뒤뚱거리는 걸음걸이와 거친 피부까지 한마디로 완벽한 추남이었다.
소크라테스의 못생긴 외모는 어린 시절 놀림감으로 장안의 화제였다. 그러나 주위 사람들이 아무리 놀려도 밝고 건강하였다.

그는 자신의 외모를 오히려 사람들에게 자랑하듯이 우스갯소리를 하였다.
자기 눈은 사방을 볼 수 있도록 툭 튀어나온 것이며 납작코라서 냄새를 더 잘 맡는다고 말하였지만, 사람들은 비웃었다.
그의 제자인 플라톤이 회고한 바에 의하면
용모가 추남인 반면 체력은 무척 강건하여 신발도 신고

다니지 않고 추위에 밤새워 말술을 마셔도 끄떡없었다. 대담성도 갖추어 세 번의 전쟁에 참가하여 용맹을 떨치기도 하였다.

그리스의 수도 아테네에서 조각가인 아버지와 산파인 어머니 사이에서 태어난 그는 부친이 종사하던 작업이나 가족을 등한시한 채 후진 양성에만 전념하였다.
그에게 많은 제자가 따르고 있었는데 그 가운데는 상류층 출신도 많이 끼어 있었다.
소크라테스는 무보수로 이들을 가르쳤고 기껏해야 저녁 한 끼로 만족하였다.
특별한 수입이 없었던 그가 어떻게 생계를 유지해 나갔는지 궁금한 대목이 아닐 수 없다.

아내인 크산티페가 남편을 비난한 악처라는 것은 전설처럼 내려온다.
아내는 소크라테스가 돈도 없는 주제에 맨날 돈 많은 사람(대표적으로 플라톤)과 사색한답시고 수다나 떨러 다니는 남편으로, 집안 살림은 크산티페가 다 책임졌다. 소크라테스가 물려받은 석공소도 운영에 무관심하여 크산티페가 직접 운영했다. 그래서 그녀는 남편이 철학자라는 직업을 갖지 못하도록 온갖 방법을 다 썼다.

집에서는 지옥을 방불케 할 정도로 남편을 못살게 굴었고 심지어 남편을 뒤쫓아가 시장 한복판에서 옷을 마구 잡아당겨 찢어지기까지 하였다.
이에 대한 친구들의 비난이 쏟아졌음에도 불구하고 소크라테스는 전혀 개의치 않았으며 끈질긴 인내심으로 잘 견뎌냈다.

아닌 게 아니라 그녀가 남편을 들볶아 대어 얻어지는 것이 있었으니 아내가 못살게 굴면 굴수록 남편 소크라테스는 불화가 끊이질 않으니 집을 나와 그의 철학적 담화에 빠져들었고 이리하여 그는 비로소 제일의 철학자가 될 수 있었다. 만일 그가 서재에만 파묻혀 지냈더라면 결코 유명한 소크라테스가 되지 못했을 것이다.

그러나 이런 크산티페가 소크라테스를 내쳤다는 기록은 없으며, 외려 소크라테스가 사망할 때 그의 죽음을 슬퍼하며 울었다는 기록이 남아있다.
크산티페가 물론 다혈질 기가 있었고 잔소리에 자주 티격태격하긴 했지만, 부부관계가 파탄 날 정도로 심각한 건 아니었다. 하여튼 이런 점들을 종합해 볼 때, 크산티페가 악처라고 전해지는 것은 다툼이 많은 친구를 악우(惡友)라고 하는 것처럼, 단어 그대로의 의미가 아닌 것으로 보인다.

어느 날 한 제자가 물었다.
"선생님 결혼하는 것이 좋습니까? 하지 않는 것이 좋습니까?"
이에 대한 소크라테스는 다음과 같이 대답하였다.
"결혼하게 온순하고 착한 아내를 얻으면 행복할 것이고, 성격이 사나운 악처를 만나면 철학자가 될 걸세."
철학자 가운데는 현모양처에 걸맞은 아내를 가진 경우도 있고, 소크라테스처럼 악처의 대명사인 아내를 둔 경우도 있다.
부유한 철학자도 있고 가난한 철학자도 있다.
좋은 집안 출신도 있고 비천한 가정 출신도 있다.
공자나 토정비결을 쓴 이지함처럼 외모가 반듯한 경우도 있고, 소크라테스나 칸트처럼 키가 작거나 몸이 왜소한 사람도 있으며 추남도 있다.

세상은 어느 나라이고 긴에 신언서판(身言書判)을 중요시한다. 생김새, 말씨, 글씨, 판단력 등 사람을 볼 때 제일 먼저 외모로 판단하는 것이 인지상정이다.
하지만 사람의 가치는 외모에만 있는 것도 아니고, 돈이 많고 적음에 있는 것도 아니다.
사람은 됨됨이가 되는 인성으로 판단하는 것이다.

소크라테스는 지혜를 추구하고 인생의 근본적인 질문을

탐구하는 데 평생을 바쳤다.
독특한 교육 방식과 끊임없는 진리 추구를 통해 당시의 통념에 도전하고 서양철학의 토대를 마련했다.
소크라테스는 귀족이나 부유한 가정에서 태어나지 못해서 소박한 배경임에도 불구하고 현실의 본질, 미덕의 의미, 인간 존재의 목적을 이해하고자 하는 호기심과 불굴의 열망을 지니고 있었다.

그는 다른 철학자와는 달리 그의 생각을 책으로 쓰지 않았고 제자에 의해 글로 전해져 왔다.
소크라테스는 다른 사람들이 자기성찰과 자신의 무지에 대한 더 깊은 이해로 이끌고자 했다.
그는 진정한 지혜는 자신의 지식 부족을 인정하는데 있다고 믿었다. 그래서 제자들에게 무료로 가르쳤다.
"나는 내가 아무것도 모른다는 것을 알기 때문에 내가 똑똑하다는 것을 안다." 유명한 말을 남겼다.

자신의 무지에 대한 이러한 자각은 모든 것에 의문을 제기하고 당시의 기성 권위에 도전하는 원동력이 되었다.
아테네 시민들은 그의 카리스마 넘치는 성격과 그가 제공하는 지적 자극에 매료되었다.
"성찰하지 않는 삶은 살 가치가 없다."라고 말한 그의 가르침은 자기 자신도 모르는데 어떻게 잘 살 수 있는지, 내가 알고 있는 것도 진짜 알고 있는건지 스스로에게 질문을 던지면서 나는 어떤 사람인지 자각하고 성찰해야 성장한다는 의미이다.

소크라테스에게는 세 아들이 있었다. 자녀들은 어머니의 성격과는 정반대로 아버지인 소크라테스의 온순한 성격을 닮았다.
그는 주로 철학적 탐구와 토론에 집중했으므로 악처로 소문났던 아내 이외에 사생활에 관한 내용의 거의 전해지지 않는다.
그가 말한 내용에는 가정생활에 대한 강조가 없어 수수께끼였으며 대신해 진리와 지혜를 추구하는 것이 세속적인 애착과 책임보다 우선해야 한다고 믿었다.

소크라테스는 끊임없는 진리 추구와 다른 사람늘의 신념에 모순이 있음을 폭로하는 그의 성향 때문에 아테네에서 그를 추앙하는 동시에 적으로 만들었다.
또한 소크라테스는 일생 여러 중요한 인물들과 교류하면서 철학적 발전에 결정적인 영향을 받았으며 그의 가르침에도 영향을 미쳤다.

제자 플라톤은 스승의 지적 능력과 철학적 접근방식에

매료되어 가장 헌신적인 추종자가 되었다.

플라톤은 소크라테스가 주인공으로 등장하는 수많은 대화를 책으로 펴내어 소크라테스의 사상을 보존했을 뿐만 아니라 그의 가르침을 문학적 맥락에서 제시하기도 하였다.
유명한 극작가는 희곡<구름>에서 소크라테스를 희극적으로 묘사하여 유명해 졌다. 풍자적인 희곡 묘사는 아테네 사회에서 소크라테스가 어떤 존재였고 어떤 영향을 미쳤는지 잘 보여주었다.
4대 성인 중 나머지 예수와 석가모니에 관한 철학은 다음 기회에 전하기로 한다.

13. 살기 좋은 나라

어느 신문사에서 기고한 글의 제목이다.
<이렇게 좋은 나라를 만들어 놓고 제발 정신 좀 똑바로 차리자.>
세계 여러 나라를 여행해본 경험으로 지구상에서 우리 대한민국만큼 좋은 나라를 찾기 어렵다.
불과 몇 년 만에 후진국에서 개발도상국이 되더니 이제는 선진국반열에 올라서서 원조를 받던 나라가 원조를 하는 나라가 되었다.

살기 좋은 선진국으로 국민의 생활은 풍요로워졌다.
우리나라의 우수성은 너무나도 많고 외국인이 인정하는 것들도 많다.
①치안이 확보된 나라이다.
세계 어느 곳을 가더라도 밤거리를 안심하고 다닐 수 있는 나라는 얼마되지 않는다. 특히 여자들이 밤에 마음 놓고 다니는 것은 우리나라와 일본 이외에는 없을

만큼 드문 일이다.
특히 새벽까지 문을 연 가게나 밤에 골목을 다니는 것을 보고 얼마나 치안이 잘되어있는지 알 수 있다.
선진국 미국은 총기 소지가 가능해 늘 불안해하며, 남미의 호주나 뉴질랜드도 해가 지면 집안에만 있어야 할 정도로 치안이 좋지 않다. 유럽도 소매치기가 많아 물건을 잃어버리는 게 다반사다.

②의료시스템이 좋은 나라
몸이 불편하면 우리나라만큼 병원이용이 수월한 나라가 없다.
너무나 저렴하여 외국인들에게 '의료 쇼핑'이라는 수식어가 붙을 정도이다.
진료와 치료 입원하는 것을 의료보험에서 거의 공제된다.
미국만 하더라도 의료비가 고가여서 병이 나도 병원 가기가 부담되어 꺼리게 되어 병을 키우는 경우가 많다고 한다.
선진국인데도 의료시스템이 발달하지 않아 병원비가 비싸서 병이 나면 패가망신할 정도이다.
우리나라는 의료보험료를 많이 내는 기업과 고소득 재벌들에게 고마워해야 한다.

③도로가 잘 되어있다.
현재 우리나라는 뛰어난 인적 자원을 바탕으로 건설은 물론 반도체, 자동차, 전자, 조선 등 여러 산업 분야에서 첨단 기술 제품을 만들어 세계 여러 나라로 수출하고 있다.
우리나라의 도로망은 국내 어디를 가든 사통팔달 일일생활권으로 다녀올 수가 있다. 도로가 발달하고 교통이 발달함에 따라 사람과 물자 간의 이동이 더욱 활발해져 교통이 편리한 곳을 중심으로 많은 공장이 생겼고, 일자리가 늘어나 인구가 집중하기 시작하면서 도시가 성장하고 경제가 발전하였다.

일본의 경우 신칸센을 비롯하여 철도가 거미줄처럼 잘 발달하여 있으나 교통비가 살인적이다.
자동차도로는 한국이 더 눈부시게 발달하여 있으며 자동차는 휴대폰만큼 많으며 매년 신형모델의 신차가 나오면 바꾸느라 중고시장에 나오는 차들이 거의 새 차 수준이다.
그런데도 폐차로 버려지는 차도 무수히 많다.

④편의 시설이 잘 되어있는 나라
우리나라의 편의 시설이 잘 되어있는 것 중 화장실과 편의점은 세계에서 가장 뛰어나다.

휴게소나 공원 공공시설의 화장실은 안방보다 더 깨끗하며 무료로 이용할 수 있다.
냉난방, 휴지, 비누 등도 잘 구비되어 있으며 여성 화장실의 경우는 생리대 자판기도 설치되어 있다.
편의점의 경우는 수요가 많아 접근성이 좋으며 웬만한 물건이 다 있어서 생활하기에 편리하다.

⑤공무원이 대우받는 나라
공무원들은 청렴해야 하므로 뇌물을 받지 않는다. 그리고 민원인에게는 자세를 낮추어 겸손하다.
업무는 신속하게 처리하며 민원인과 다투는 일이 거의 없다.
교통단속에 걸려도 스티커 발부 시 잘 봐 달라고 몇만 원을 슬쩍 건네도 뇌물공여죄로 죄가 더 커진다.
공무원의 이미지가 좋아지고 안정된 급여, 정년이 보장되어 연금으로 노후가 안정되므로 공무원을 희망하는 사람들이 늘어난다.

⑥애국심이 투철한 나라
독도를 일본으로부터 뺏기지 않으려고 노래를 부르며 지키고 있다.
북한에서는 호시탐탐 핵무기로 위협하고 있으나 우방과 동맹을 맺어 북한보다 그 이상의 국방력을 키우고 있다.
군대의 사기를 올리고 향상시키기 위해 병사의 월급을 200만 원까지 올리고 초급 장교의 연봉도 5,000만 원 가까이 된다.
특전사나 해병대를 지원하는 병사가 넘쳐나며 군입대를 꺼리거나 탈영하는 군인이 없이 국방의 의무를 다한다. 월드컵이나 올림픽을 할 때 전 국민이 똘똘 뭉쳐서 하나가 되어 대한민국을 외치며 애국심을 불태운다.

⑦휴식 문화가 풍성한 나라
주말이 되면 야외로 놀러 나가는 주차행렬은 전국 고속도로를 꽉 메운다.
고급 레저카는 해마다 늘어 차 속에서 온 가족이 캠핑을 하며 주말을 보낸다.
평일에도 카페에서 여유를 즐기는 사람이 많아 짙은 커피 향은 실내를 가득 메우고 좌석마다 떼를 지어 앉아 대화를 나누며 웃음꽃을 피운다.
언제부터 커피에 그리 중독되었는지 한 집 건너 카페가 있고 거리에는 일회용 컵에 빨대를 꽂아 한 손에 쥐고 걸어 다니는 사람들이 많다.

퇴근 후의 밤 문화는 홍대 거리가 아니더라도 지방 도시마다 로데오거리에는 젊은이들로 물결을 이룬다. 밤

새워 마시고 떠들고 노래와 춤으로 불야성을 이룬다.
치안이 안전하다 보니 밤 문화가 잘 되어있어 외신들은 무슨 난리가 난 것처럼 보도하지만 정작 한국의 젊은이들은 아랑곳하지 않는다.
대한민국은 하루가 다르게 변화하고 있다. 잘 먹고 잘 살아서인지 평균신장도 크고 인물들도 하나같이 예쁘고 잘생긴 사람들로 넘친다.

⑧먹거리가 많은 나라
거리마다 골목마다 맛집이 즐비하다.
낮이나 밤이나 식당 이모들의 서빙은 바쁘게 움직이고 식도락을 즐기는 사람이 넘친다. 금강산도 식후경이라고 우선 배부터 채우고 나서 시작을 한다. 그리고는 아랫배가 나온다고 또 살을 빼는 다이어트를 한다.
밤이면 치맥과 야식을 즐기고 잠자리에 들고 먹거리가 풍요로워지니 젊어서부터 성인병을 자초하는 단점이 생긴다.
너무 잘살아서 하고 싶은 것 먹고 싶은 것을 마음껏 하므로 고생을 모르고 호강에 겹다.
핸드폰에 입력해 놓은 맛집 전화는 손가락 한 개만 터치하면 배달해주어 문 앞까지 총알처럼 도착한다.

방금 나온 음식은 따끈따끈하면서 음식 냄새는 코를 자

극한다. 집에만 가만히 앉아 있어도 맛있는 음식을 삼시 세끼 야식까지 먹을 수 있어서 나이가 많아서 아프거나 음식을 못해도 먹는 데에는 문제가 없다.
세계적으로 유일하게 우리나라만이 배달시스템을 갖추고 있다.
선진국에서는 돈이 있어도 이렇게까지는 없고 그나마 피자나 파스타 배달이 고작이다.
배달업체들은 경쟁이 치열하게 빠르게 배달하여 오토바이 배달 사고가 위험하고 서비스 빠른 만큼 수수료를 터무니없이 올려서 문제시되고 있다.

⑨세상을 바꾸는 여성의 나라
여자에게 말 한마디 잘못 건드렸다가는 큰코다치는 세상이다.
모두가 법을 꿰고 있어 눈을 부릅뜨면 남자는 꼬리를 내리고 싹싹 빌어야 하고 그렇지 않으면 고소당한다.
게슴츠레한 눈으로 자신을 바라보아서 수치심을 느꼈다고 성희롱을 당했다고 말한다.
아슬아슬하고 과하게 노출한 옷은 초미니스커트에 배꼽이 빼꼼히 보여 반나체에 가까운 옷차림이다.
사람들의 관심을 받으려고 거리를 활보하면서 정작 자신을 바라보는 시선이 마음에 걸리면 성희롱이라니 눈이 있어도 보지 말라는 것인지 헷갈린다.

법은 여인 천하 시대가 되었다.
여성이 수치심을 느낀다고 하면 법은 여성의 편을 들어준다.
이런 상식을 모르는 남성들은 여전히 고소를 당해 성희롱, 성추행, 성폭력으로 법정에 서는 경우가 연간 수만 건이다.
여성의 권익 신장으로 인해 여성 CEO, 여성 정치가, 여성 법률가, 의사 등 여성이 직장에서 ⅓을 차지하여 똑똑한 여성들이 세상을 휘젓고 있다.
세상을 다스리는 것은 남자지만 그 남자를 지배하는 여자라는 말이 현실로 다가온 시대가 되었다.

⑩옷이 넘쳐나는 나라
옷이나 양말을 꿰어서 입는 시대는 호랑이 담배 피우던 옛날이야기가 되었다.
지금은 옷이 넘쳐 옷 수거함에는 멀쩡한 옷들이 쌓여있고, 버려진 옷들이 산을 이룬다.
유행이 지나서 안 입고 컬러가 마음에 들지 않아서 안 입고 이래저래 안 입는 옷들이 짐이 되어서 내버리는 게 너무나 많다.
공짜로 옷 수거함을 거두어 가는 헌 옷이나 구제 옷 회사들은 선별하여 저개발국으로 근수를 달아서 수출하고 국내에는 구제 소매점에 공급하기도 한다.

가산디지털 지하철역 앞 로데오 거리는 의류 천국이다.
신상으로 의류회사에서 막 쏟아져 나온 옷인데도
정장 한 벌에 99,000원
콤비 한 벌에 99,000원
계절별 롱 코드도 99,000원에 판매한다.
연예인도 입을법한 세련된 옷들이다 보니 계절마다 매년 구매하는 것이 자연스러워졌다.
이렇게 의류비가 저렴하여 TV홈쇼핑에서도 가장 많이 판매되는 것이 의류이며 카드 결재로 하루만 지나면 배송되어 온다.
먹고 입고 버리는 것이 풍부한 나라가 대한민국이다.

⑪IT 천국인 나라
이 세상은 스마트폰 시대이다.
초등학생부터 고령층까지 스마트폰이 없는 사람이 없다. 전 국민 100명 중 95명이 핸드폰을 소유하고 있으며 보급률 세계 1위이다.
스마트폰을 생산하는 삼성전자는 매년 신모델을 내놓아 젊은 층에서는 매년 신모델로 바꾸기도 한다.

2012년에 단순 핸드폰에서 인터넷이 가능한 스마트폰으로 발전하였고 스마트폰으로 검색창에 검색하거나 동영상이나 유튜브로 알고 싶은 정보를 다 찾아볼 수가 있다. 동영상을 문자로 퍼 나르는 사람들 때문에 공해가 될 정도이다.
지하철과 버스 안에서 그리고 거리를 걸으면서도 어린 학생부터 노년까지 습관적으로 스마트폰을 들여다본다.
이로 인해 집중하다가 불의의 사고가 일어나기도 하고 점점 독서 하는 인구가 줄어드는 단점도 생긴다.

유익한 점도 너무 많지만, 스마트폰을 보면서 시력이 나빠지고 밤에는 불면증 때문에 잠을 못 자고 고개를 숙여서 봐 척추가 굽어지거나 목디스크로 건강을 해치므로 하루 두 시간 이상은 삼가야 한다.
세상 돌아가는 일을 거의 스마트폰 안에 담겨있으니 과학의 이기임에는 틀림이 없으나 반대로 부작용들도 생겨난다.
건강을 해치면서까지 스마트폰을 지나치게 사용하는 것은 지혜롭지 못한 일이다.

⑫정치인이 살판난 나라
대통령이 임기 5년을 마치고 나면 죽을 때까지 연봉 2억 4천만 원을 받는다.
이 정도의 퇴직 연금은 어느 나라에도 없다.
현지에 있을 때는 경호 60명, 비서관 3명, 운전기사 1명의 인력이 배치되어 대우한다.

그러면 고관대작(高官大爵)은 어떠한가?
국무총리 연봉 1억 9천만 원(月 1,100만 원)
장관 연봉 1억 4천만 원(月 880만 원)
차관 연봉 1억 3천만 원(月 840만 원)
국회의원 연봉 1억 5,500만 원(월 1,200만 원)으로 금뺏지만 달면 국회의원의 특혜는 무려 180가지나 된다. 이러니 특권만 없으면 사생결단(死生決斷)으로 국회의원이 되려고들 한다.

국회의원 한 사람당 연봉을 합쳐서 연간 5억 원 이상 지출되는 것은 후원금으로 약 3억 원까지 받아 쓸 수가 있어서이다.
여기에 해외여행 경비, 자동차 유류비와 유지비 기사급료(공무원 대우), 항공과 KTX 무료사용, 보건소, 헬스장, 목욕시설, 이발소 등 국회 내에 있는 각종 시설을 무료로 사용할 수 있으며 가족들도 혜택을 받는다.

강원도 고성에 있는 수련원에는 국회의원의 배우자와 직계 족속, 형제자매까지도 무료로 이용할 수 있다.
정책자료 발송비, 발간비, 문자메시지 등의 발송도 무료이며. 야근 식대와 업무용 택시비, 사무실 지원비도 모두 지원을 받는다. 누구 하나 제대로 사용하는지 확인하는 사람이 없으니 함부로 사용해도 알 수가 없다. 그러니 함부로 막말해서라도 지지자들의 지지를 받아 국회의원이 되려고 한다.

국회의원은 국회에 나오지 않아도 월급이 나가고 감옥에 들어앉아 있어도 대법원에서 확정판결이 날 때까지 월급이 나온다.
국회의원 300명의 1인당 평균 재산은 34억인데 한 해에 불어난 재산은 1인당 1억 4,000만 원이라고 한다.
이런 부자들이 1억 5,000만 원이 넘는 연봉을 받으면서도 재산을 늘리기위해 뇌물을 받고 청탁을 받고 정치자금을 모금하고 출판기념회를 열어 책을 팔아서 돈을 챙기니 욕심이 과하여 화를 자초한다.

국회의원 중에는 애국가를 부르지 않거나 국기에 대하여 경례조차 하지 않는 주사파 국회의원이 감옥에 있는 동안도 월급이 꼬박꼬박 지급되었으니 할 말을 잃게 한다.
국회의원 실력이 안 되는데도 국회의원을 하는 경우는 정당에서 영호남에 따라 지팡이만 꽂아도 당선되기 때문이다.
이런 선거문화는 선진국이 되기까지 아직 멀엇으며 유권자들의 수준이 높아질 때 바뀔 것이다.
선거 당선의 판가름은

정치적 이슈를 가지고 바람이 부는 경우가 30%다.
선거 구도가 달라질 때 당이 갈라져 분담 시에 영향을 받는다.
우파(보수) 좌파(진보)에 지지도다.
인물론으로 특출한 인재일 경우 정당 소속과 관계없다.
앞으로는 청렴하고 도덕성에 결함이 없으면서도 정치적 감각이 뛰어난 인물을 선택하여야 한다.

⑬인구 감소가 세계 1위인 나라
좋은 일이 있으면 나쁜 일이 생긴다.
이런 것이 이 세상을 살아가는데 호사다마(好事多魔)의 이치다.
사람은 온갖 좋은 일만 누리며 승승장구하지는 않는다.
잘 먹고 잘살다 보니 인간에게 한계가 온 것인지 결혼을 하지 않고 결혼을 하더라도 아이를 낳지 않는다.
2024년에 해외동포까지 합처 지금 대한민국의 인구는 약 5,172만 명이며 성 비율은 여자가 조금 더 많다.
2016년부터는 출생아 수가 줄어드는 반면에 사망자 수는 계속 늘어남에 따라 인구가 감소하고 있다.

권역별 인구표 (2023년 11월 기준)

수도권	26,012,552명	50.67%
부울경	7,652,867명	14.91%
충청권	5,552,991명	10.82%
호남권	4,981,880명	9.70%
TK권	4,932,306명	9.61%
강원권	1,528,635명	2.98%
제주권	675,845명	1.32%
합계	51,337,376명	100%

세대수는 21,825,601가구인데 이 중에 750만 가구가 1인 가구이다.

세계 인구는 점점 늘어나는데 반면 대한민국이 가장 낮은 출생률로 인해 인구가 감소하고 있다.
이렇게 출생률이 낮은 이유는 둥지는 없는데 알만 나으라고 하느냐다.
결혼 적령기가 되어도 도저히 집값이 비싸 마련할 수가 없고 여성들이 직장에 다니느라 결혼 후 임신과 출산에 대한 부담이 높기 때문이다.
이대로라면 50년 후 우리나라 인구는 3,000만 명으로 줄어들고 100년 후에는 지금의 5천만 명에서 1천만 명으로 줄어들 것으로 내다보고 있다.

인구가 적으면 나라가 존폐위기에 몰리며 경제력이 없어져 약소국가가 되어 못사는 나라로 전락하게 된다.
인구가 감소하는 가장 큰 원인은 한국 남녀 청년 모두 '결혼 자금 부족'의 이유로 결혼을 안 하고 있어서이다. 결혼하면서 준비해야 하는 혼수들 그리고 가장 큰 비용이 들어가는 신혼집 마련이 어려워 결혼을 하고 싶어도 섣불리 하지 못하는 것이다.

30대 662만 7,045명 중 혼인을 하지 않은 사람이 5,227명으로 무려 42.5%이며 거의 절반 가까운 사람이 독신으로 살고 있다.
40대도 남자가 40% 미혼이고 여자는 5명 중 1명이 미혼으로 여성이 40대가 되면 수태율이 떨어져 인구는 점점 감소할 수밖에 없다.

결혼해도 딩크족으로 사는 이유는 아이를 낳으면 키우기가 힘들어 경제적인 부담이 크기 때문이다. 그러므로 나라에서 정책을 마련한다고 하지만 뾰족한 방안이 없는 한 30, 40세대의 마음을 움직이기에는 역부족이다. 과거와는 달리 여성들의 사회적 활동과 지위가 높아지면서 수입이 생기므로 굳이 결혼의 필요성을 느끼지 못한다고 한다. 그만큼 결혼이란 게 예전만큼 필수가 아니라 선택으로 여기고 있다.

14. 황금만능주의

 주식투자의 귀재인 복재성(32세, 군산태생) 씨가 작년 달러 투자로 벌어들인 수익 중 약 100억 원을 기부해 화제가 되고 있다.
복재성은 지난 2021년 중순부터 달러를 매입하기 시작했는데 그때 당시 달러는 1,000원 초반대였고 2021년 11월에 달러 매입 금액이 300억을 넘어 해당 내용이 언론에 보도되면서 알려지게 되었다.

이번 투자로 100억대의 이익을 얻게 된 기사가 화제가 되자 이렇게 벌어들인 수익을 기부하여 또 한 번 화제가 되었으며 수익금은 '공정사회 선도 재단'에 기부하였다.
재단에서는 이번 복재성 씨 기부에 앞으로도 모든 사람이 공정하고 평등한 사회에서 차별과 편견 없이 살 수 있도록 더 앞장서 노력하겠다며 감사의 뜻을 표했다.

그런데 100억이라는 엄청난 금액을 기부하다 보니 '복재성'이라는 사람에 대해 많은 사람이 궁금해지기 시작하였다.
KBS, CBS, MBC 등 수많은 방송사에도 소개가 될 정도로 화재여서 주식 황제 복재성이란 인물을 기억하는 사람도 많다.
이미 복재성 씨는 20대 초반에 주식으로 수백억을 벌어들이며 증권가에서는 전설이 된 인물로 당시 그의 성공 신화는 TV에 방영되어 세상을 떠들썩하게 하였다.

그 이후 각종 프로그램 및 예능 토크 쇼에 출연하면서 연예인 못지않은 인기도 누렸다.
하지만 그동안 너무 많은 사람에게 주목을 받아서였는지 이제는 일반 사람으로 평범하게 살겠다며 모든 공식적인 활동을 중단하였다.
너무나 유명했기 때문에 사람들은 왜 갑자기 그런 선택을 했는지 궁금했지만 어떤 인터뷰에도 응하지 않아 알 수가 없었다.
그리고 어디에도 모습을 보이지 않고 지내던 그가 2017년 갑자기 자기의 차후 재산을 사회에 기부하겠다는 공식 발표를 하고 모습을 감추었다.

그가 말로는 처음으로 전 재산을 기부하겠다고 하였을

때 사람들은 설마 진짜일까? 하고 의심하였지만 실제로 매년 1억~10억씩 기부하기 시작했으며 이번에는 100억이라는 거액을 한 번에 기부하였다.
그런데 이번 100억을 기부하면서 한 가지 더 놀라운 소식이 있었다. 그것은 바로 그가 공식활동을 하기 전 1년에 한 번 진행했던 무료 특별 강의를 재단의 노력으로 무려 8년 만에 다시 진행하게 된다는 것이다.
물론 이번 한 번만 진행할 가능성이 높지만, 특별 강의는 그가 많은 사람에게 도움을 주기 위해 시작한 것으로 그때 당시에 인기가 엄청 많았기 때문에 기대하고 있다.

주식으로 일확천금을 얻는 비법 같은 것이었으니 당연한 일이며 실제로 실화의 인물이니 의심할 바가 없기 때문이다.
그래서 인기는 당연히 많았고 거기에다 무료인 것도 있지만 그가 실제 주식투자를 하는 것을 보여주고 이와 함께 자신만의 투자기법을 교육해 주어서이다.
현재 복재성 씨의 특별 무료강의는 한국 재능협회에서 신청받고 있으며 마감 전까지 신청하면 1년에 단 한 번 참여가 가능하다.
무려 8년 만에 강의가 진행된다고 하자 현재 주식투자로 손실을 본 사람들이 앞다퉈 신청하는 상황이다.

그런데 아무리 돈이 많은 사람이라도 이렇게 많은 금액을 기부한다는 것이 쉽지가 않다.
그럼 그의 재산은 얼마나 되는 것일까?
그가 주식으로 벌어들인 재산은 약 천억 원 이상으로 추정된다.
매체를 통하여 공개된 서울의 그의 집은 가장 비싼 주상복합 아파트이며 그중에서도 네 채밖에 없어 재벌들만 산다는 초고가 팬트하우스에 살고 있다.

이뿐만이 아니라 부동산 관계자의 말에 따르면 현재 거주 중인 해당 아파트 이외에도 가족과 지인의 거주를 위해 총 세 채나 구매하였다고 하니 그 가격은 수백억 대가 된다고 한다.
이런 그를 시기 질투하여 '그렇게 집을 많이 살 필요가 있냐' '돈자랑 하냐' 등등 비아냥대는 사람들도 있지만, 실제 기부를 하자 그런 사람들이 거의 사라졌다.

그는 주식투자의 황제라고 불리며 엄청난 유명세와 함께 어떻게 보면 최고 전성기라고 볼 수 있던 시점에 갑자기 공식활동을 중단하고 재산을 기부하게 된 것일까? 라는 의문이 생긴다.
무엇보다 그가 성공했을 당시 주목을 받은 이유는 보통 사람과 다르지 않은 열악한 조건 속에서 성공을 이루었다는 점이다.
부유한 집안에서 태어난 것도 아니고 주식투자에 전문적인 지식이 없었으며 교육받은 적도 없이 오로지 독학으로 자수성가를 이루어낸 것이다.

자수성가란?
물려받은 재산이 없이 자기 혼자의 힘으로 성공하여 집안을 일으키고 재산을 모으는 것이다.
남의 도움이나 부모의 도움 없이 큰 성과를 일으키는 것이지 운이 좋아서 저절로 기적이 찾아와 하늘에서 돈보따리가 툭 떨어진 것이 아니다.
많은 사람은 그가 20대 초반의 어린 나이에 성공한 것이 부유한 집안에서 태어난 금수저인 것으로 알았다.
하지만 그는 가난한 집안에서 태어나 스스로 독학으로 공부하여 스스로 이루어낸 자수성가한 사람이었다.

그러다 보니 이런 그의 성공 신화에 많은 사람이 자신도 해낼 수 있다는 희망을 가지게 되면서 수많은 주식투자자들의 롤모델이자 멘토였다.
처음에도 기부를 많이 하였는데 매년 수억 원씩 고액을 종교단체나 수술비가 없는 저소득층에게 도움을 주어 찬사를 받기도 하였다.
그래서 그의 선행을 높이 평가하여 최고의 상으로 서울

시장 상을 받기도 하였다.

복재성 씨에게 관심이 쏠리자 팬카페가 생겼으며 회원 수는 150만 명까지 늘어나기도 하였으니 그의 인기가 어느 정도인지 알 수가 있다.
그런 사람이 갑자기 잠적해버렸으니 궁금증을 해결하고자 수소문 끝에 주변 지인과 가족들에게 접촉하여 어느 정도 이유를 알아낼 수 있었다.
이유는 유명인이라면 겪는 악성 댓글 때문이었다.
악성 댓글은 연예인들도 자살할 만큼 심적 고통이 커 사회적인 문제이고 복재성 씨도 피해갈 수 없었다.

질투하는 사람들이 그를 끌어내리려고 근거 없는 비방 및 루머를 만들어내었다.
그동안 수많은 출판사에서 제의가 들어왔었을 때도 책을 쓰지 않았는데 유명세를 이용하여 책을 팔아먹는 약팔이라는 식으로 괴롭히기 시작했고 점점 강도가 심해지게 되었다.
옛말에 모난 돌이 정 맞는다는 말이 있다.
너무 뛰어난 사람은 남의 미움을 받기 쉬움을 이르는 말이다.
그의 경우는 남들의 시기심 때문에 모함을 당하는 편이었다.

시냇가에 조약돌은 물살에 씻겨 반들반들하고, 귀엽고 작아 모난 돌이 없어 바닥재로 많이 사용하였다.
모난 돌은 우물 바닥이나 화분 바닥, 구들장으로 겨우 쓰였지만 모난 돌은 크기가 크기 때문에 모가 난 곳을 석공이 정으로 다듬어 어디든지 사용할 수가 있었다. 화려한 빌딩이나 인테리어를 할 때 모두 모난 돌을 깎아서 사용한다.

복재성 씨는 악플러들이 수사기관에 허위 제보하는 바람에 각 기관으로부터 조사를 받고 세무조사도 수시로 받았다.
그런데 수사기관에서는 유명인이다 보니 강도 높은 조사를 받았어도 자신은 괜찮지만, 가족과 지인까지 괴롭힘에 시달리자 더는 참을 수가 없었다.
허위제보는 루머로 종결되었어도 주변 사람들이 피해를 보니 상처가 클 수밖에 없었다. 결국 그는 이와 같은 일들로 큰 상처를 받고 심적으로 지쳐 더는 상처를 받고 싶지 않다며 모든 공식 행사를 중단한 것이다.

주식의 슈퍼 개미에서 유망기업 전문가로 거듭난 복재성 대표는 19세에 종잣돈 300만 원으로 처음 입문해 어린 나이에 100억 성공 신화를 쓰며 대한민국 최연소 애널리스트에 이름을 올린 입지적 인물이 되었다.

평생 쓸 만큼 돈을 모았고 이제 주식 시장에 있어야 할 이유가 없다며 돈과 명예보다는 보람된 일을 하고 싶다던 그는 이제는 단순 투자자가 아닌 중소기업 발굴 및 투자를 하게 되었다고 말문을 연 그는 은퇴라고 할까요? 개인적인 투기식의 주식투자는 이제 정리했다고 한다.

아무리 많아도 더 갖고 싶은 것이 사람의 욕심이고 흔히 있는 사람들이 더한다는 말도 있는데 그는 돈만 좇는 인생은 결국 평생 굴레처럼 거기에서 헤어나질 못할 것 같아서 과감히 결단을 내렸다고 한다.
그간 운영하던 증권정보 제공 사업, 증권 카페, 증권 아카데미 등 계열사를 포함한 사업체를 모두 정리했다.
지극히 개인 투자자 전문가로 돌아온 것이다.
하지만 그동안 10년 넘게 무료로 운영해 온 주식 카페는 현재 대한민국 회원 수 1위를 기록할 성도로 성장하였고, 그의 인생과 시간을 보낸 카페만큼은 손을 놓을 수 없어 현재도 무료로 온라인 교육을 하면서 개미투자자들이 성공하도록 도움을 주고 있다.

증권가에 화려하게 등장해 스타반열에 올랐던 그가 남다른 주식 철학을 바탕으로 더 깊은 의미의 투자를 해나가고 있다.

사실 대중들은 아직도 '복재성'하면 단순히 주식투자로 성공한 6천억 원대 거부로만 인식하는 경우가 많다.
그가 어린 나이에 부를 이룰 수 있었던 진정한 투자방식이 무엇이었을지가 가장 핵심이다.

그는 주식 시장의 본래 목적은 기술력에 그들이 자금 조달을 할 수 있도록 만들어가는 것인데 자금의 주식 시장은 단순한 투기 시장으로 변해 본래 목적이 변질되었다고 말한다.
그래서 진정한 주식투자란 기업에 투자해 그 기업이 성장할 경우 따라 오는 수익, 일자리 창출, 해외 진출로 벌어들이는 외화 등으로 국가 경제 회복에 도움을 주는 것이라고 강조한다.
그래서일까? 그는 최근 성공 가능성이 있는 중소기업과 스타트업 회사를 발굴하여 무료로 자문하고 있으며 거기에 직접 투자를 통해 자금 문제까지 해결해 주고 있다.

많은 사람이 소문을 듣고 무작정 투자만 받으려고 찾아오나 한 기업이 성공하기까지는 자금력 부족이 크지만, 이전에 기술력이나 제품력뿐 아니라 시장의 흐름과 국가 정책의 변화, 정세 등 다양한 요소로 인해 성장하지 못 하는 경우가 많다고 한다.

그동안 정부에서도 중소기업청을 통해 벤처기업이 성공할 수 있도록 자금을 지원하였지만 단 한 군데도 성공한 곳이 없는 것으로 보아 중소기업을 운영한다는 것이 얼만 큼 노하우가 있어야 하는지 사업을 안 해본 사람은 모른다.

복재성 씨는 중소기업을 선택하여 투자할 때 그동안 자신이 번 돈으로 투자하였기 때문에 아무 데나 막 투자하지 않고 누가 봐도 성공할 수 있는 기업이 만들어진 순간을 포착하여 투자를 해왔다. 그의 안목도 중요하지만, 그만큼의 정보를 공부했기 때문이다. 다음은 문제인 자금력 부족으로 인한 어려움이 닥치면 이때 투자를 진행하며 자금력을 해소해 주었다.

물론 유망기업을 발굴해서 투자하고 동반 성장하는 것이 쉽지 않은 과정이지만 옹골찬 기업들을 찾아 자금을 해결해 주고 방향을 제시해 주며 회사가 커가는 모습을 보면 자부심과 큰 보람을 느낀다.
자신만의 주식 철학을 바탕으로 성장해 한층 깊고 의미 있는 투자를 해나가고 있다.

길어진 경제 불황 속에서도 틈새를 공략할 줄 아는 그는 미래 비전과 장기적인 성장 가능성을 살피고 하향세가 쉽게 오지 않을 산업군으로 손꼽는 게임사업, 교육사업, 언론, 외식사업 등을 꼼꼼히 분석하여 장기적인 투자 플랜을 가지고 분산 투자를 진행하며 리스크를 최소화하는 투자방법을 고수하고 있다.

더불어 이제는 일확천금을 노리거나 운으로 투자하는 시대가 아니라며 철저하게 분석하는 노력으로 작은 성과들을 이뤄나가야 한다고 조언한다.
돈을 좇는 인생이 아닌 희망을 전하는 인생으로 편견을 깨고 그저 주식으로 부자 된 사람이 아닌 열정적으로 살며 삶의 가치를 스스로 높여나갔다.
기업의 성장을 돕는 바쁜 일상 속에서도 틈틈이 기부와 봉사도 잊지 않았다.
장애인, 소외계층에게 도움의 손길을 주고 장학금을 전달하면서 청소년에게 희망을 주기 위해 전국을 돌며 무료강연도 하고 있다.

강의하다 보면 청소년들이 부자가 되려면 어떻게 하냐는 질문을 가장 많이 받는다. 그럴 때 그는 전문가가 되라고 말한다. 자신이 좋아하고 가장 잘 할 수 있는 분야에서 최고의 전문가가 된다면 자연스럽게 돈은 따라오게 마련이다.
열정으로 노력이 뒷받침되어야 한다고 강조한다.

오직 성공하고 싶다는 막연한 마음뿐인 청소년에게는 초등학교 때는 동화책을, 중학생 때는 위인전을, 고등학교 때는 역사책을, 대학생 때는 전문분야의 서적을 일주일에 한 번씩이라도 꼭 읽고 뜻을 새겨야 한다고 말한다.

그는 최근에 가족들과 여생에 필요한 돈만 남겨 놓고 나머지 전 재산을 모두 사회에 기부하겠다고 하였다.
나에게 필요 이상의 돈은 꼭 필요한 사람들에게 나누는 것이 당연하다고 믿고 있다.
복재성 씨는 50억짜리 주상복합 아파트와 인테리어 비용 10억을 들였고, 개인 섬이 3개, 별장이 26채, 황금 승용차 2대 이외에 벤틀리와 포르쉐 등 총 7대로 수십억 하는 승용차를 모으는 것이 취미이다.

오로지 주식투자로 번 돈으로 부를 이루며 그동안 이미지를 잘 쌓았던 그가 고향인 군산 나운동 술집에서 난동을 부린 사건이 일어나 한순간에 나락으로 떨어졌다.
여종업원을 술병으로 폭행하여 이마가 5cm나 찢어져서 기절하여 112신고로 경찰에 연행되었다.
연행된 후 경찰서에서 10억 만주면 너희들 옷도 벗길 수 있다고 말하고, 1억도 없는 것들이 나이만 먹었다고 말한 것으로 보면 갑질 노릇까지 하는 졸부였다.

전국지방법원 군산지원은 개미투자자인 복재성에게 1년 6개월을 선고하며 법정 구속하였다.

황금만능주의 사상을 가진 한낱 가벼운 인간이었고 돈만 있으면 안 되는 것이 없다고 생각한 사람이었다는 생각에 많은 사람에게 실망감을 안겨주었다.
술집 종업원과 경찰관을 자기 밑으로 보고 눈에 차지 않았던 것은 그동안 해왔던 행보와는 정반대의 모습으로 이중인격자였다.
자사고인 군산 나운동의 중앙고등학교 후배들에게 초대되어 인기몰이하던 사람이 학교의 명예도 깎아 먹는 행동으로 추락하고 말았다.

돈으로
집을 살 수 있지만 단란한 가정을 살 수는 없고,
침대는 살 수 있지만, 잠은 살 수 없다.
시계는 살 수 있지만, 시간은 살 수 없고
책은 살 수 있지만, 지식은 살 수 없다.
약은 살 수 있지만, 건강은 살 수 없고
피는 살 수 있지만, 생명을 살 수는 없다.
세상에는 돈보다 가치 있는 것들이 많다. 그리고 그것은 돈이 아무리 많아도 얻기가 어렵다.
우리의 삶을 풍요롭고 아름답게 해 주는 것은 돈으로

얻을 수 있는 것이 아니다.
그러므로 이러한 이치를 아는 사람들은 소유하기보다는 오히려 베풀면서 진정한 행복을 누리며 살아간다.

돈은 혈액과 같이 삶에서 꼭 필요한 것이지만 더 많은 돈을 벌기 위해서는 노력하는 과정이 불행할 수 있다. 돈을 벌기 위해서는 더 많은 일을 해야 하는데 이 과정에서 사람들은 과로로 인한 신체적인 피로와 질병, 정신적 스트레스를 얻게 또 일하느라 가족 간의 대화나 친구와의 만남을 갖지 못할 수 있고 취미나 여행 등 개인 여가 시간이 부족해지기도 한다. 된다.

돈을 버는 과정이 이러한 즐거움을 놓치게 만든다면 부(富)가 행복을 가져다준다고 할 수가 없다.

복재성 씨도 32세 젊은 나이에 엄청난 부를 얻다 보니 겸손이 결여된 것이다.
그동안 자신이 베풀었던 기부와는 정반대의 행동을 하였으니 앞으로 뉘우치고 스스로를 돌아보는 계기가 되어야 할 것이다. (끝)

노년시대 시리즈　1. 인생승리
　　　　　　　　　2. 남은여생
　　　　　　　　　3. 지혜철학

부 록

불 로 장 생

(不老長生)

차 례

1. 기력을 회복하자 - 불로장생　　　　　　　　197
2. 건강기능 식품은 장수의 필수품이다.　　　　208
3. 젊어지는 글루타치온 - 독소 제거, 뱃살 제거　215
4. 유혹하는 페로몬 향수 - 노취제거, 이성에게 호감　225
5. 큰놈 대물(쇠말뚝) - 노년의 희망　　　　　　232
6. 야생마-남자는 전립선을 조심하자 -낭습 방지　240
7. 야생마-여자는 요실금을 예방하자 -방광, 자궁　247

1. 기력을 회복하자

 60대부터 꼭 필요한 운동과 단백질 보충 이외에 중요한 한 가지는 건강보조식품인 '불로장생(不老長生)'을 섭취하는 것이다.
보약과도 같은 '*불로장생*'을 매일 한 스푼씩 먹으면 다른 건강식품이나 보약을 먹지 않아도 될 만큼 기력이 살아난다.
노년 건강을 위해 꿀에 인삼을 재서 만든 꿀 청은 선조부터 내려오는 최고의 식품이자 보약으로 알려져 있다. 동양의 4대 보약인 인삼, 녹용, 사향, 웅담 중 인삼이 으뜸으로 손꼽히며 효능도 우수하다.

아카시아 벌꿀(자연산 2.4kg)이 인터넷에서 105,000원 안상규 벌꿀은 128,000원에 판매되고 있지만, 품질이 우수한 꿀은 꼭 믿을 수 있는 곳에서 구매하여야 한다. 품질이 좋은 꿀은 면역력이 높아져 잔병이 없고 건강에 여러 가지 도움이 되는데 특히 꿀과 대추를 함께 넣으면 시너지 효과가 매우 크다.

꿀은 설탕과 달리 양치질을 하지 않아도 충치가 생기지 않아 입안 상처가 나거나 부르텄을 때 발라주면 빨리 아물고 구취에도 좋다.
설사를 막아주거나 대장에 좋으며 머리를 맑게 하여 우울증에도 좋다.

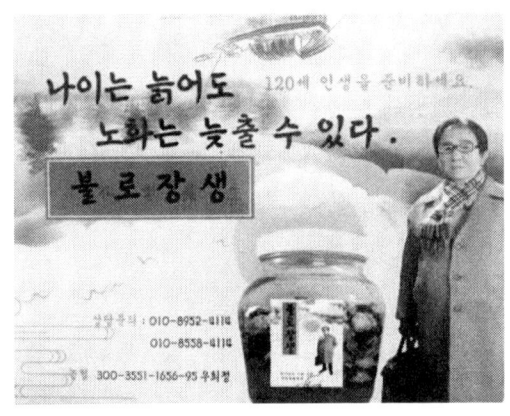

불로장생 한 병 2.4kg

*불로장생*은

꿀과 인삼을 베이스로 한 꿀 청에
국산 한방재료인 구기자, 산수유, 오미자, 대추를 첨가하여 여러 가지 효과를 단번에 느낄 수 있는 천연 강장제이다.

불로장생에 들어가는 꿀은
자연산 아카시아 꿀 (2.4kg / 120,000원)을 사용하여 품질이 우수하다.
당뇨와 같은 성인병 환자나 나의 건강을 위해서는 자연산 천연 벌꿀을 먹어야 효과가 좋아 활력 넘치는 노년의 건강을 지킬 수 있다.

하루에 너무 많은 양을 드시는 것도 과유불급이므로 한두 스푼이 적당하며 꼭 플라스틱이나 나무 스푼으로 떠서 드시면 된다.
수삼이 마르지 않았거나 병이 소독되지 않으면 인삼이 들어간 꿀에서 거품이 생길 수 있으므로 꼭 서늘한 곳에 보관하여야 한다.
아침 공복이나 취침 전에 규칙적으로 드시는 것이 좋다.

▶자연산 꿀의 효능
①면역력 강화
②피로 해소
③젊어지는 피부 건강
④불면증 개선
⑤항균작용
⑥혈관질환 예방

⑦수족냉증 개선
⑧숙취 해소
⑨기가 부족하여 허약할 때
⑩기관지가 마르고 기침이 날 때
⑪장이 나빠 변비로 고생할 때
⑫입안이 허는 구내염
⑬뜨거운 물이나 기름에 상처가 났을 때
⑭독소 제거
⑮모든 약을 조화롭게 만들어 줌

▶인삼의 효능
①치매 예방, 인지기능 향상
②원기 회복
③당뇨 개선 및 치료
④항암 효과
⑤노화 방지
⑥성 기능 개선 발기부전 치료
⑦면역력 강화, 원기 회복
⑧비염 치료
⑨뼈 건강에 효과
⑩혈행 개선
⑪항염증 효과
⑫독감 예방

⑬위 건강 개선
⑭숙면 효과
⑮혈액순환을 원활히 하여 몸을 따뜻하게 함

▶청양 구기자의 효능
①피로 회복 효과
②시력 개선 효과
③혈액순환 촉진
④혈당수치 상승 억제
⑤간 기능 회복
⑥피부조직 노화 방지
⑦면역력 강화
⑧소화력 촉진
⑨혈압조절
⑩스트레스 완화
⑪체지방 감소
⑫감기 예방

▶구례 산수유 효능
①정력 강화 조루 발기부전에 도움
②아토피 개선
③눈의 피로 회복, 시력 개선
④청력 및 중이염 개선

⑤여성 생리통, 무월경 개선
⑥신장(콩팥)기능 강화
⑦두뇌를 활발하게 하고 집중력에 도움
⑧체력 향상
⑨노화 개선
⑩어린이 성장 발육

▶문경 오미자 효능
①혈관을 깨끗하게 하여 심혈관 질환 예방
②항암 효과
③몸이 처지고 기운이 없을 때
④노화 방지
⑤골밀도를 3배 높여주어 골다공증 방지
⑥인지력, 기억력, 뇌 기능 향상
⑦치매 예방에 도움

▶경산 대추의 효능
①복부지방 감소
②불면증 개선
③만성 변비 완화
④심신 안정
⑤혈압조절
⑥노화 세포 억제

⑦골다공증, 근육통 완화

≪불로장생의 주의 사항≫
①알루미늄, 스테인리스 그릇 사용 시 변질됩니다.
②나무나 플라스틱 스푼을 사용해야 합니다.
③물 묻은 스푼을 사용할 경우 산소 투입으로 거품이 생겨 변질됩니다.
④열에 직접 가열하지 마세요
⑤냉장고에 넣지 말고 서늘한 곳에 보관하세요.
⑥1년~2년 안에 다 드실 것을 권장합니다.
⑦불로장생 원액에 다른 첨가물을 넣지 마세요
⑧잠자기 전에 한두 스푼 드시는 것이 좋습니다.
⑨따뜻한 물에 타서 마셔도 좋습니다.
⑩당뇨 환자는 조금만 드세요.

※꾸준히 장복하실 것을 권해드립니다.
 등잔 밑이 어둡다고 왜 이렇게 좋은 것을 진작에 몰랐을까 하고 후회하게 됩니다.
※남녀노소 모두에게 좋습니다. "단" 어린이는 삼가해 주세요.
※꿀에 담긴 5종의 재료가 숙성되면 불어서 양이 늘어납니다.

나이가 들수록 돈을 아끼지 말고 내 몸에 투자하는 것이 가장 현명한 방법이다.
하루에 천원 투자하여 기를 살리고 활력이 넘쳐나는 삶을 산다면 그보다 더한 행복은 없다.
필자인 전박사가 추천한 대로 구매하여 꾸준히 드신 분들의 다양한 후기를 보면
첫째 식욕이 왕성해지고
둘째 잠이 쏟아지고
셋째 배변을 묽게 잘 보고
넷째 힘이 나서 활기가 넘치고
다섯째 무기력함이 없어졌다고 말씀하신다.
또 좋은 건 알았어도 집에서 담그면 번거롭고 돈이 많이 들어 엄두를 내지 못했는데 자수정 홈쇼핑에서 전박사에게 주문하면 가격도 저렴하게 실비로 나누어 주어서 만족한다고 하신다.

전박사의 인삼 꿀 청은 이익을 보려고 한 것이 아니라 그동안 전박사가 늘 복용하던 것을 꾸준한 독자분께 고마움의 인사로 건강한 선물을 드리려고 만들었다.
이후 섭취한 독자분들이 머리가 맑아지고 몸이 새털처럼 가볍고 가뿐해졌다고 바로 몸으로 느끼겠다고 이후 계속 드시길 원하셔서 적은 금액만 받고 주문하면 보내드리게 되었다.

이렇게 드신 분들이 6개월 후에 또 주문하며 불로장생 꿀 딴지 덕분인지 요즘 만나는 사람마다 얼굴이 좋아졌다고 인사받기가 바쁘다고 하며 기뻐하신다.
이렇게 불로장생을 드시면
건강미가 넘쳐서 매력 있게 보이고, 귀티나게 고급스러운 사람으로 보이는 것은 자신을 위하여 적은 돈을 아끼지 않고 투자했기 때문이다.

조선 시대의 평균수명이 50세일 때 영조 대왕은 80세를 넘게 사셨다.
그 원인은 인삼을 통한 보양을 중시하여 불로장생을 드셨기 때문이라고 논문에 나와 있다. 그러므로 다른 임금들보다 두 배로 장수할 수 있었다.
노년에 오래 산다는 것만이 능사는 아니다.
불편한 데가 없이 자신 스스로 활기차게 생활해야 하고 남의 도움 없이 움직여야 한다.
늙지 않을 수는 없지만, 노화를 늦출 수는 있으므로 불로장생을 꾸준하게 장복할 것을 권해드린다.

중국의 진시황제가 불로초를 구하려고 서복에게 3천 명을 주어 중국, 일본, 조선에까지 찾으러 다녔으나 불로초를 찾지 못했다.
이렇게 찾아다닌 불로초가 바로 *불로장생*이다.

지금도 중국에서는 한약마다 인삼과 대추를 꼭 넣어 먹어 효험을 봐 보약으로 여긴다. 그래서 중국뿐만 아니라 일본 관광객들도 우리나라에 오면 인삼을 가장 많이 사 간다.
한국의 인삼이 명품으로 알려져 있으며 수천 가지 제품 중에서도 단연 1위로 꼽히는 효자상품이다.

[적은 가격으로도 건강하고 귀티나게 만들고 남은 여생을 행복하게 만들어 주는 불로장생을 지금부터라도 꾸준히 드시길 바랍니다.
독자분들이 자청해서 드시고 싶다는 분께는 불로장생을 만드는 재료비만 받고 보내드립니다.
본 필자도 매일 글을 쓰다 보면 활동하지 못할 때가 있어 무기력해지고 의욕이 상실되기도 합니다. 그래서 생각해 낸 것이 불로장생을 직접 만들어 복용하였더니 기력을 되찾아 활력이 넘쳤습니다.
직접 체험해보고 나서야 노년을 지키는 비결은 바로 이거구나 싶어서 신간 출간 시 매번 읽어주시는 독자분들께 좋은 정보를 함께 공유하고 싶었습니다.

만약
독자분께서 직접 만들고 싶으신 경우에는 산지에서 최상품으로 구매하시는 것이 좋습니다.
구매하시는 것이나 만드시는 것이 번거로우시면 본 필자가 준비한 것을 실비로 나눠드리겠습니다.]

2. 건강기능 식품은 장수의 필수품이다.

 사람은 생명을 유지하고 필요한 에너지를 얻기 위해 음식을 섭취한다.
하루에 필요한 영양소는 성인 남성 2,500kcal, 여성은 2,000kcal 로 탄수화물과 단백질, 지방, 미네랄, 식이섬유 등이 필요하다.
하지만 현대인은 그 많은 여러 가지의 영양소를 충분히 섭취하지 못하여 영양 불균형 상태에 놓여진다.

제아무리 큰 부자라도 하루 빨강, 노랑, 파랑, 자주색, 흰색, 흑색의 채소나 과일을 모두 섭취할 수가 없고 하루 세끼마저도 규칙적으로 섭취하지 못하여 건너뛰기가 일쑤다. 식사를 해도 물 말아서 한 가지 반찬으로 대충 때우게 되는 경우가 많아 편식하게 된다.

또한 충분한 식사를 한다고 해도 여러 가지 영양소를

한 번에 다 섭취하기가 힘든 실정이다 보니 동물성 지방과 가공된 탄수화물을 과다 섭취하게 되고 비타민, 미네랄은 부족하여 각종 성인병이 오게 된다.

식사로 얻지 못하는 영양소가 부족하면 건강식품으로 보충해야 하는데 그래서 40여 가지의 영양소를 응축하여 작은 알 한 알로 간편하게 보충할 수가 있다.
그 이외 한방 경옥고나 청심환 공진단, 인삼, 녹용, 사향, 웅담 등도 건강보조 역할을 한다.

음식으로 고치지 못하는 병은 약으로도 고치지 못한다는 말이 있는데 그만큼 균형 잡힌 식사는 약이 된다는 말이다. 하지만 말처럼 쉬운 일이 아니라서 세계 장수국가인 일본인들도 식사 이외 건강보조 식품을 서너 개씩은 꼭 챙겨 먹는다.
일본의 건깅기능 식품 시장의 규모와 판매율은 높은 편이며 선진국이나 장수국가일수록 몇십조 원으로 매우 크다.

지금 우리가 앓고 있는 병은 그동안 내가 어떻게 살았는지 알 수 있는 발자취와도 같다.
잘못된 식습관으로 인해 생긴 패해로 내 몸을 그대로 방치하면 안되고 건강을 유지하기 위해서 반드시 건강보조식품으로 보충해야 한다.
우리가 무엇을 먹느냐에 따라 우리 몸은 그대로 증명하는 것이다.
튼튼하게 건축물을 지으려면 좋은 건축자재를 써야 하는데 철근이나 시멘트를 줄여 허술하게 시공을 하면 수명이 짧아지듯이 내 몸도 마찬가지로 영양소가 부실해지면 중간에 무너지기 마련이다.

옛말에 잘 먹은 귀신은 때깔도 좋다고 하는 말이 있다. 그만큼 잘 먹는다는 것이 중요하다는 말인데 잘 먹는 것은 건강을 지킬 뿐만 아니라 정신건강에도 많은 영향을 미친다.
건강은 건강할 때 지키고 건강을 잃으면 모든 것을 잃는다.
그렇기에 현명하고 지혜로운 사람은 자기 자신의 몸을 위하여 돈을 아끼지 않고 투자하며 어리석은 사람은 정보조차도 모를뿐더러 자신과는 무관한 얘기로 치부해 버린다.

퇴직한 친구들이 모여 얘기하는 것을 들어보면 건강보조 식품을 챙겨먹어 건강을 챙기는 사람은 아닌 사람보다 훨씬 젊어 보이는 게 사실이며 현명한 사람이 더 건강을 생각하며 건강식품에 관심을 갖는다.

건강보조식품으로 불편한 곳이 없게 만들고 면역력이 생겨 병에도 노출되지 않게 해야 한다.

당뇨병은 너무 잘 먹어 생기는 부자병이라고 하는데 이는 단순히 잘 먹어서라기보다는 너무 많은 먹거리로 인해 먹고 싶은 것만 먹어 영양 불균형에서 오는 병이라고 할 수 있다.
먹거리가 넘쳐나서 한 가지 입맛에 치우쳐 편식하게 되어 체중이 늘고 복부비만으로 성인병이 생기는 이유가 이런 불균형에서 오는 원인이다.

건강기능식품이 좋은 점은 부족한 영양을 보충하고 배부르게 먹지 않아도 필요한 영양을 공급할 수 있기 때문이다.
120세를 살아가는 시대에 건강보조식품이 없다면 불가능한 일일지도 모른다.
인간이 건강하게 120세 천수를 다하려면 마치 거미줄처럼 얽혀있는 체내에 적절하게 영양을 공급해 주어야 한다.
그러므로 한가지라도 영양소가 부족하면 다른 나머지 영양소가 100% 제 기능을 발휘하지 못하기 때문이다.

구슬이 서 말이라도 꿰어야 보배라고 건강에 필요한 영

양소도 진주 알처럼 서로 잘 꿰어져야 제 기능을 발휘한다. 그중 한 가지라도 부족하면 산산이 흩어져 버리는 진주 알과 같다.
하루에 필요한 영양소를 한 번에 다 먹기가 생각만큼 쉽지가 않다.
그래서 부족한 것을 건강보조식품으로 대체하는 것이다.

환경오염으로 인해 토지는 산성화가 되고 화학비료를 사용하여 건강한 농산물을 먹기가 힘들어지고 있다. 신토불이 농산물이 부족해지면서 가격은 점점 더 오르게 되고 매일 먹어야 할 것을 거르게 되니 이럴 때일수록 건강보조식품이 꼭 필요한 시점이다.
영양소의 결핍은 언젠가 돌이킬 수 없는 질환으로 나타나 내 몸이 무너져 버린다.
희귀병도 영양소 결핍으로 생기는 것이므로 병들어 괴롭고 고통받기 전에 보충해야 한다.

시대가 바뀌어 선진국처럼 동남아에서도 건강식품의 중요성을 잘 알고 있어 좋은 제품들이 즐비하다.
해외여행을 가보면 가이드가 제일 많이 권유하는 매장도 건강보조식품과 관련된 곳이다.
미국을 비롯해 캐나다와 호주, 뉴질랜드의 제품이 뛰어

난데 그중에서도 오메가3나 유산균 등은 청정지역인 호주제품이 품질이 우수하다.
아시아 국가 역시 이제는 자신의 건강을 위해 많은 시간과 돈을 투자하다 보니 건강식품 시장은 무궁무진하게 늘어나고 있다. 이럴수록 현명하게 구매하여 제대로 된 제품을 구매하는 것이 중요하다.

TV나 매체마다 전문의들이 나와서 건강보조식품의 임상실험 결과를 보고하며 권장하는 것도 효능과 효과가 있기 때문이다.
예를 들어 글루타치온을 섭취하였더니 체중이 감소하고 뱃살이 빠져 다이어트가 되었다는 것을 비교하며 보여주는 것은 건강보조식품을 불신임하는 사람들에게 눈으로 확인시키는 이유에서이다.

글루디치온의 효과가 의심이 든다면 사과를 반으로 갈라 한쪽에는 글루타치온을 바르고 한쪽은 바르지 않고 하루가 지나 비교해 보면 글루타치온을 바른쪽은 그대로 있는데 나머지 한쪽은 누렇게 갈변된 것을 확인할 수가 있다. 이렇게 간단한 실험만으로도 글루타치온이 세포를 생성하여 노화 지연, 피부 건강에 탁월하다는 것을 입증하였다.

요즘 가장 핫한 글루타치온은 효과가 빨라 입소문으로만 팔리던 것이 매체마다 의사들이 광고하여 엄청나게 붐을 일으키고 있다.
일부 사람들은 글루타치온이 병원에 붙어 있는 광고지를 보고 백옥 주사의 주성분으로만 알고 있지만, 피부 미백, 주름 개선뿐만 아니라 체내에서 여러 가지 역할을 하고 있다.

간을 보호하고 간암을 예방하며 당뇨 환자의 경우 당 수치가 낮아지고 그 외에 눈이 맑아지기도 한다.
술과 담배를 하는 사람, 성인병이 있어 매일 많은 양의 약을 먹는 사람이나 심장병, 암, 퇴행성 질환이 있는 환자들도 글루타치온이 해독을 해주어 복용해야 한다.

3. 젊어지는 글루타치온

 아미노산 중 하나로 우리 몸에서 만들어 중요한 생리 활성 역할을 맡고 있는 황산화 효소 물질이다.
주요기능은 세포간 신호전달, 단백질 합성, 황산화 작용, 면역강화 등이 있는데 특히 글루타치온은 세포의 해독작용을 도와 세포 내 독소를 제거한다.
자연적으로 몸속에서 생성되는 물질이지만 노화가 진행되면 글루타치온의 함량이 감소하여 여러 가지 방법으로 섭취가 가능한 물질이기도 하다.

◇우리 몸에 황산화 작용이란?
황산화란 활성산소를 없애준다는 뜻이고 노화의 주요 원인이 활성산소이다.
즉, 노화를 늦추어 최적의 몸을 만들고 각종 질병으로부터 자신을 보호하는 것이다.
물이나 공기 중 산소에 의해 식품의 산화와 변질을 억제하고 몸의 에너지를 생성하여 감염을 예방하는 것과 같다.

◇주요효능에는
▶면역력을 높여준다.
글루타치온은 면역시스템의 기능을 향상시키는데 중요한 역할을 하여 면역 반응을 조절하고 감염, 염증에 대한 저항력을 강화한다.

▶지방간 등 간 수치 개선
지방간의 80%는 비알코올성 지방간이라서 음주를 하지 않아도 음식으로 인해 생긴 경우가 많다. 글루타치온은 혈액에 들어있는 단백질과 효소들의 수치를 감소시켜 회복에 **빠른** 효과를 본다.

▶피부건강
노화가 진행되면 피부의 탄력이 떨어지고 피부가 처지며 여러 가지 이상 반응이 나오는데 이는 멜라닌 색소가 피부에 침착되기 때문이다. 글루타치온은 자외선이나 외부로부터 멜라닌 색소를 억제해 주어 피부톤이 맑아지는 것을 **빠르게** 확인할 수 있어 화장하는 여성은 화장이 잘 받는다는 것을 느낄 수 있고 나이 든 사람은 얼굴이 환해졌다는 칭찬을 들을 수 있다.

▶스트레스 해소에 좋다.
고민, 걱정, 불안, 질투, 노여움, 분노, 분쟁으로 인해 발생하는 스트레스는 만병의 근원이 되는데 글루타치온은 우리 몸에서 황산화를 만들어 보호하여 위험도를 낮춰준다.

글루타치온을 찾는 사람들은 타산지석(他山之石)의 마음으로 다른 사람의 모습에서 자신의 건강과 외모에 도움을 얻으려 한다.

◇김포에 사시는 82세 노인분은 자신은 미국 대통령 바이든과 동갑인데 TV로 바이든의 얼굴을 보면 같은 나이인데 바이든의 얼굴이 너무 늙어 보인다고 자신도 그렇게 보일까 봐 걱정이라며 전화를 해왔다. 곱게 늙고 싶다면서 꾸준히 관리하겠다는 각오를 하면서 글루타치온 6개월분을 주문하였다.
글루타치온 필름 90매(3세트)와 정제90정(1병)을 구매하여 하루에 1,000원꼴밖에 안 되니 저렴하다고 좋아하며 기대에 부풀었다.

3개월 정도가 지나고 또 주문하겠다고 전화가 와서 벌써 다 드셨냐고 물으니 우리 할망구가 당뇨가 심해서 같이 나누어 먹었다고 하셨다.

할머니가 당뇨로 체중도 감소하고 수치가 떨어졌다며 너무 좋다고 하면서 한 사람당 6개월 분씩 달라고 재촉하셨다.
할아버지는 드셔보시니까 어떠신지 여쭈니 본인도 친구들 모임에 나가면 얼굴이 왜 그렇게 좋아졌냐고 신수가 훤해졌다고 부러워한다고 하셨다.
그러면서 글루타치온 때문인 것 같다고 확실히 좋다고 하셨다. 그동안 건강보조식품을 여러 가지 먹어보았지만 글루타치온이 효과가 가장 빠른 것 같다면서 앞으로 계속 단골이 되겠다고 흡족해하셨다.

◇경기도 가평에 사시는 할머니(70대)는 TV에 의사들이 나와서 글루타치온이 그렇게 좋다고 한다고 주문을 하셨다.
자신은 복부비만이 심해 부끄럽고 체중이 나가다 보니 무릎관절이 좋지 않아 외출을 삼가게 된다고 하면서 6개월분을 주문하셨다.

그런데 할머니 역시도 3개월 만에 재주문을 하셔서 왜 그렇게 빨리 주문하시냐고 여쭈어보았다.
할머니는 아침 식사 후에 정제 2알 저녁 식사 후에 필름 1장을 혀 위에 올려놓고 입천장에 살짝 붙이니 3분 정도면 녹아내려 흡수되어 위에도 부담이 되지 않아서 좋다고 아침저녁으로 섭취하다 보니 6개월분을 3개월 만에 다 먹었다고 하셨다.
그래서 이번에는 무릎관절에 좋다는 '콘드로이친 1,200'(소연골) 2병(120정)도 함께 보내달라고 하였다.

할머니는 평소에 건강에 관심이 많아 건강보조식품에도 상식이 많으셨다.
몇 개월 먹어서는 안 되고 꾸준히 먹어야 효과를 본다고 다음에는 우리 사위 것도 주문하겠다고 하시면서 자동차 정비공장을 운영하는 사위가 어찌나 술, 담배를 많이 하는지 걱정이라면서 간 영양제로는 글루타치온이 최고라고 말씀하셨다.

할머니 자신도 3개월 만에 많이 좋아지는 것을 느낀다며 만족해하시는 것을 보니 행복을 드리는 것 같아 보람을 느끼게 되었다.

◇인천에 사는 주부(50세)는 집에만 있는 게 무료해서 시간제로 직장에 나가게 됐는데 직원들이 글루타치온을 안 먹는 사람이 없고 자신만 안 먹어서 먹어봐야겠다고 주문을 했다.
직원들이 날이 갈수록 얼굴이 환하게 좋아지는 것을 보고 믿음이 간다고 하더니 주부님도 6개월분을 3개월 만에 다 먹고 남편 것까지 재주문을 하였다.

남편은 늘 거래처 접대로 술이 만취되어 들어와 얼굴도 점점 칙칙해지고 까칠해져서 피곤해하는 모습을 보니 건강이 걱정되었는데 글루타치온을 먹으니 좋아지는 게 보인다고 안심하였다.
건강보조식품은 섭취 후 자신이 좋아지는 자각 증상을 느낄 때 만족도가 높아지기 마련이다.
하지만 먹어봐도 아무런 느낌이 오지 않는다면 돈만 버렸다고 실망하는 법이다.
이렇게 효과가 있는 걸 알게 되면 자연스럽게 재구매로 이어져 꾸준히 섭취하는 것이 건강보조식품이다.

◇부산에 사시는 기업의 회장께서는 60대인 자신이 친구들보다 더 나이 들어 보여 속상해하였다.
60이면 청춘이고 앞으로 60년을 더 살아야 하는데 이제라도 몸 관리를 해야겠다며 상담 전화를 주셔서 글루타치온을 구매하셨다.

공장 안에는 늘 먼지와 환경오염 물질이 득실거려서 그런 것 같다면서 고혈압약을 먹는데 독소 제거가 되고 콜레스테롤 수치를 낮춘다니 먹어보고 효과가 있으면 친구들에게도 소개하겠다고 기대에 부풀어있었다.

그동안 여러 건강식품과 정력에 좋다는 것을 나보다 더 많이 먹어본 사람은 없을 거라며 그동안 하도 속아 믿지 못했는데 이번에 글루타치온 만큼은 확실할 것 같다는 생각이 든다고 하셨다.

이후 3개월이 지나 전화가 다시 와서는 재주문을 하며 매우 만족하게 효과를 보고 있다고 반가워하셨다.
자신은 신장병(콩팥)이 있어서 3개월마다 병원에 가서 진료를 받고 약을 타오면서 주치의 선생님께 건강보조식품으로 글루타치온을 먹어도 되느냐고 여쭈었더니 고개를 끄떡이시며 도움이 되었으니 검사 결과도 좋아졌다며 꾸준히 섭취하랬다고 했다. 신장병은 생각지도 않았는데 1석 3조라면서 전화를 통해 환하게 웃으시던 회장님은 부산에 오면 자연산 회를 대접할 테니 꼭 연락하라고 기뻐하셨다.
전형적인 경상도 남자의 호탕한 웃음이 아직도 생생하며 만족해하는 모습을 보니 '고객의 건강에 도움이 되었구나.'라는 생각에 보람을 느꼈다.

'인생을 하루라도 더 살고 싶은 것은 모든 사람의 염원이다. 그러므로 장수할 수 있도록 자기 자신을 사랑할 줄 알아야 한다.'

◇용법 및 용량

정제나 구강 용해 필름으로 된 제품을 구매하여 보충하는데 회사마다 자사 제품이 좋다고 하지만 필름과 정제 모두 다 같은 효능이 있다.

그러므로 정제 3개월분 필름 3개월분(6개월분)을 구매하여 **하루는 정제 2정, 다음 날은 필름 1장을 반복하여 섭취**하는 것이 가장 이상적이다.

과다 섭취하면 간혹 설사를 유발하기도 하지만 좀 더 **빠른** 효과를 보려면 정제 2정과 필름을 같이하면 충분한 함량이므로 더욱 좋다.

글루타치온이 다른 건강식품과 차별화되는 점은 글루타치온에는 비타민C가 들어있어 따로 비타민을 챙겨 먹지 않아도 되고 **어린이부터 노인까지 노약자나 현재 병이 있는 사람까지 누구나 복용이 가능**하다는 점이다.

◇글루타치온이 가장 많이 들어간 음식은

북어, 대두, 아몬드, 생선(연어, 참치 등), 쇠고기, 돼지고기, 닭가슴살, 김, 브로콜리, 오트밀 순이며, 그 외에도 콩류, 견과류, 채소, 과일, 유제품 전분 등에 포함되어 있어서 균형잡힌 식단이 중요하다.

결과적으로 말하면 100세 이상 장수할 수 있었던 이유는 하나는 체내에 글루타치온이 잘 생성되었기 때문이다. 대부분의 중금속이나 오염물질은 간에서 70% 해독을 하는데 글루타치온이 부족하게 되면 해독능력이 떨어져 간의 기능을 제대로 하지 못한다. 또한 세포를 보호하지 못해 알츠하이머나, 치매에 걸릴 확률이 높아진다.
그래서 노화가 시작하는 40세 이후부터는 반드시 글루타치온을 섭취해야 하며 120세를 계획한 사람이라면 더욱더 필요하다.

명예나 돈은 잃어도 회복할 수 있지만, 건강을 잃으면 돌이길 수 없을 만큼 매우 중요하다.
평소 건강을 위해 준비한 자만이 불편함이 없이 장수할 수 있어 행복한 삶을 누릴 수 있을 것이다.
자신의 몸에 투자할 줄 아는 사람이 가장 현명한 사람이다.

젊어지는 글루타치온

백만 개 이상 팔려 안 먹는 사람이 없다는 글루타치온
각종 매체마다 열광하는 이유가 있습니다.
오랜만에 보는데도 "그대로"라고 칭찬받는 이유는 글루타치온을 섭취했기 때문입니다.
늙지 않고 젊음을 유지하고 싶으면 지금부터
피부에 탄력이 생겨 주름이 흐려지고 더 이상 처지지 않아요.
거미배 같은 복부비만도 날씬하고 섹시하게 만들어줘요.

※ 글 루 타 치 온 의 효능
① 당뇨 혈당 정상화
② 간 기능 개선
③ 대장 세포 복구
④ 환경오염 및 복용 약 해독
⑤ 암 예방
⑥ 다이어트 (비만)
⑦ 피부 미백, 탄력
⑧ 탈모
⑨ 면역력 증강
⑩ 피로감 완화
⑪ 건강한 정자생성
⑫ 노화 지연

명의와 유명 약사들도 입에 침이 마르도록 인정하는 글루타치온은 임상실험 결과로 입증되었기 때문입니다. 지금부터라도 세월을 거꾸로 돌리세요.

상담문의 010-8952-4114 / 010-8558-4114

4. 유혹하는 페로몬 향수

페로몬이란?
말을 할 수 없는 동물이나 곤충들이 이성을 유혹하기 위해 분비하는 성호르몬의 일종으로 암컷이 수컷을 수컷이 암컷을 유인할 때 몸에서 분비되어 영향을 미치는 화학물질이다.

땀 냄새나 암내와는 다르며 체내 성호르몬 농도에 따라 이성을 유혹하는 냄새가 분비된다. 남성이 땀을 통해 사향이나 백단향 나무 향기와 비슷한 냄새를 나게 해서, 여성들이 이 냄새를 맡으면 스트레스 호르몬이 급격히 증가해 혈압이 올라가고, 호흡과 심장박동이 **빨라**지고, 성적으로 흥분하게 만든다. 여성도 질을 통해 분비하는데 남성들이 이 냄새를 맡으면 성적 흥분을 일으킨다.
하지만 인간은 점점 페로몬이 퇴화하여 자연적으로 냄새가 나지 않는다.

남성이나 여성이 **페로몬**을 **뿌리면** 자극이 되고 이성적인 호감이 생긴다는 연구결과가 화제가 되기도 하였다. 그래서 **페로몬** 향수를 **뿌려** 외출이나 잠자리에 사용하여 이성에게 호감을 느끼도록 한다.

우리의 인체는 오감을 느끼게 되어있다.
코는 후각을 느끼고, 눈으로는 시각을, 귀로 듣는 청각, 입으로 맛을 보는 미각, 피부로 느끼는 촉각이다.
이런 오감 중에 가장 예민한 곳이 코로 맡는 후각이다.
후각은 다른 감각들과는 달리 대뇌에 직접적으로 전달돼 기억에 오래 남는 특징이 있다.
예를 들어 길을 가다가 익숙한 냄새를 맡으면 예전의 일이 떠오르게 한다.

남성보다는 여성이 유난히 더욱 민감하므로 땀 냄새나 입 냄새, 발 냄새, 노취와 같은 악취는 물론 남자의 미세한 체취까지도 반응하여 멀리한다.
그러므로 이왕이면 이성에게 비누 향기나 화장품 냄새 특히 페로몬 향과 같은 좋은 향이 나도록 하여 고급스런 이미지를 심어줘야 한다.
그렇다면 분명 그 이성은 집에 가서도 그 사람이 생각나서 미련이 남을 것이다. 이는 후각과 시각이 뇌로 전달되어 호감을 느꼈다는 뜻이다.

이렇게 페로몬 향수가 자신을 돋보이게 하는 것은 물론 얼마나 매력적인 마법의 향수인지 알 수 있다.

잘사는 선진국일수록 향수 사용량이 많으며 만약 향수가 떨어졌다면 약속을 미룰 정도로 필수품이다.
파티가 많아 상대방과 춤을 춰야 하는 경우가 생기므로 향수 없이는 감히 갈 엄두를 내지 못한다.
먹고살기 바쁜 후진국에서 향수는 잘사는 사람들의 전유물이자 사치품으로 여긴다.
선진국인 우리나라도 이제 남녀를 불문하고 향수를 사용하는 인구가 점점 늘어나고 있으며 문화로 자리잡고 있다.

향수 중에서도 **페로몬 향수**는 **이성을 유혹한다는 점**에서 단연 인기다.
제약회사와 화장품회사가 협업하여 제조한 특별한 페로몬 향수는 효과가 커 폭발적으로 판매율이 높다.

향이 제각각인 페로몬 향수는 3종 한세트가 99,000원이며
大 ; 50ml - 외출용 옷에
中 ; 30ml - 휴대용 귀 뒤와 손목에

小 ; 25ml - 침실용 겨드랑이와 음모에 뿌려주면 좋다.

말 못 하는 짐승도 페로몬 향을 분비하는 상대에게만 짝짓기를 허락하는 것을 보더라도 하물며 만물의 영장인 인간이야말로 페로몬 향수는 일상생활에서 없어서는 안 되는 시대이다.
할머니도 여자이고 싶어한다. 화장을 곱게 하고 입술에 립스틱을 바르고 페로몬 향수를 뿌린다. 접객업을 하는 사장님이나 사교춤을 추러 콜라텍에 가는 노신사분이 어린 손주들이 안기려다 코를 막고 할아버지 냄새(노취) 난다고 도망가버려 향수를 찾는 분들이 계시다. 또 부부 관계를 하는데 5년째 다섯 번을 재구매하신 분도 있는 것으로 보아 자신의 매력을 발산하여 상대방의 마음을 사는 데는 페로몬 향수보다 더한 마법은 없을 듯하다.
남자는 여자에게 여성용(3종 99,000원) 여자는 남자에게 남성용(3종 99,000원)을 선물하는 것도 좋다.
잘 보이고 싶고 호감을 사려는 것은 인간의 본능이며 인지상정이다.

페로몬은 수컷과 암컷의 냄새가 다르다.
그래서 서로의 향을 맡으면 스킨쉽을 하고 싶어하고 심

지어 성적 흥분이 되어 섹스하고 싶은 욕구가 생긴다.
페로몬은 색도 없고 맛도 없는데 어떻게 강한 설레게 하며 원초적 본능을 이끌어 내는지 신비롭다.
남자는 자신감이 생기니 가슴을 쫙 펴게 되고 목소리에도 힘이 들어가며 얼굴도 환하게 밝아 보인다.
여자도 매력을 발산해 한껏 섹시해 보인다.
코로 맡는 후각만으로 남자는 남자답게 여자는 여자답게 만드는 마법의 페로몬이라 할 수 있다.
후각이 뇌로 바로 전달하기 때문에 페로몬 향수는 이성에게 강렬하게 어필하기 좋으며 상대방에게 오래도록 기억에 남게 한다.
쫌 인물에 자신이 없어도 페로몬 물질이 상대의 마음을 움직이게 하여 마음을 빼앗기에 충분하다.
마음에 드는 이성에게 말도 못 하고 가슴앓이하며 짝사랑만 하고 있다면 전 박사가 개발한 특별한 페로몬 향수를 사용할 것을 적극 추천한다. 그렇다면 성공률은 확실히 달라질 것이다.

전박사는 일본 도쿄에서 ㈜생보석 홈쇼핑을 할 때 직접 개발한 페로몬 향수를 판매하여 인정받았으며 애정 소설 <라지롱 구>와 <주얼리 여인>,<뉴 핫나경> 등 다수의 연애 소설을 집필하여 잘 알려진 소설가이자 발명가로 활동하고 있다.

일본은 남에게 피해 주는 것을 극도로 싫어한다. 그래서 특수 페로몬 향수를 구매한 고객 중에는 재구매한 고객들이 많았다.
그들은 박사님이 개발한 특수 페로몬 향수를 사용한 후로 자신의 인생이 달라졌다고 감사의 인사를 받을 때면 뿌듯함과 보람을 느끼곤 했다.
또한 구매한 고객들이 3종으로 되어있어 각각 사용 용도가 달라서 좋았다고 하며 유사품은 큰 병 한 병으로 되어있어 휴대하기도 불편하고 고가인데 3병 박사님 제품은 3병 값이 저렴하고 휴대하기 편해서 좋아서 자주 구매한다고 고객 만족도 좋았다.

고객에게 맞춤 컨설팅을 할 때 고객의 눈빛을 보면 처음 봤을 때와는 달리 눈빛이 달라진 것을 보고 물었더니 잠자리에서 아내가 격렬해지고 아내의 사랑이 두 배나 업그레이드하여 그런 것 같다고 말한다.

인간은 피부색이 다르고 언어가 다르더라도 신체구조는 모두 동일하다.
일본인이라고 해서 유난히 후각이 발달하지 않았다. 백인이나 흑인도 마찬가지로 페로몬 향은 그윽하게 똑같이 느껴진다.

페로몬 향수는 식약처에서 허가받아 화장품회사와 제약회사에서 제조하였기 때문에 진품이다. 저렴하게 판매하는 중국산 유사품과는 차원이 다르므로 속지 말아야 한다.

싼 게 비지떡이고 가격이 저렴한 만큼 맹물과도 같은 향수가 시중에 범람하고 있다. 잘못 선택하면 실망이 크고 적은 돈이라도 돈 낭비할 뿐이므로 잘 선택하여야 한다.

정식으로 허가받아 전박사의 자수정 홈쇼핑에서 판매하는 특수 페로몬만이 믿을 수 있는 제품이다.

향이 다른 3병, 각기 용도가 다릅니다

5. 큰놈 대물(쇠말뚝) - 노년의 희망

 남자의 일생을 들여다보면
처음 30년은 부모 밑에서 아무것도 모르고 살아왔지만, 중반 30년은 결혼하여 처자식과 앞만 보며 열심히 살아왔다.
정년퇴직인 50대 후반이 되니 벌써 예전같지 않아 밤이 되면 아내가 무서워진다.
어쩌다 시동이 걸려 발기가 되는 듯싶다가도 골문 앞에만 가면 자신도 모르게 축 처져있는 꼬락서니가 측은하며 불쌍하게 여겨진다.
그러니 이때부터 '정력' 이야기만 나오면 눈이 번쩍 귀가 쫑긋 전신에 신경이 그곳으로 쏠리게 된다.

정력에 좋다고 하여 굼벵이나 지렁이를 힘들여서 구해 구령탕을 만들어 먹어도 도로 아미타불 관세음보살이다.
그러니 60부터는 열이면 아홉이 불철주야(不撤晝夜) 마음만 먹으면 불뚝불뚝 일어서는 게 뭐 없을까? 하고 눈을 씻고 찾아본다.
이것은 인생에 관한 소설을 80권 이상 쓰고 있는 소설가 전박사가 60세 이상의 3만 독자와 인생 상담을 한 근거이자 남자의 일생을 토대로 삼아 통계 낸 결과이다.

발기부전이란?
남성의 성기가 팽창되지 않아 일어서지 않으므로 삽입할 수 없는 상태를 말한다.
원인으로는
첫째 술, 담배, 스트레스
둘째 약물중독
셋째 사고로 인한 척추손상
넷째 고혈압, 당뇨, 전립선 비대증
다섯째 노환으로 인한 것이 가장 많은 비중을 차지한다.

발기부전이 오는 60세 전후에 파란약인 비아그라를 복용하였다는 남자가 가장 많았다.
하지만 결과는 반반이었으며 부작용으로 힘들었다는 사람이 많았다.
비아그라를 먹고 한두 시간이 지나니 다리가 뻐근해지

더니 신호가 오고 흥분이 되더니 발기가 돼서 오랜만에 일을 치렀다고 하였다. 하지만 처음에는 뭣 모르고 만족감에 먹기 시작하였는데 한두 달이 지나자 내성이 생겨 밀가루를 먹은 것 같이 전혀 신호가 오지 않아 낭패를 보았다고 한다.

그뿐만이 아니라 얼굴과 눈이 빨갛게 충혈되고 가슴이 두근거리며 머리가 아파서 이러다가는 복상사로 죽는게 아닌가 하고 겁이 덜컥 나서 그 이후로는 비아그라를 멀리하였다고 한다.
그래서 보신탕으로 개고기를 먹고, 인삼과 녹용, 사슴피를 생으로 빨아먹고 물개 심을 100개나 한꺼번에 고아 먹고 뱀이 좋다고 하면 100마리를 고아 생사탕을 마셔도 정력에 아무런 도움이 되지 않았다고 한다.

비아그라도 안되고 다른 정력식품들도 안되니 이번에는 비뇨기과에 찾아가서 자가주사를 맞았다고 한다.
자가주사란? 발기 유발제 주사약을 자신의 페니스 몸통에 자신이 스스로 주사를 놓는 것으로 공포심이 생기며 다량 주입 시 발기가 죽지 않아 페니스 피부 조직이 파괴되어 영구적으로 불구가 될 수 있으며 자주 사용하면 페니스 피부가 괴사한다고 한다.

발기가 죽지 않으면 병원에 가서 이완제 주사를 맞고 수그러들게 빠른 조치를 하면 되긴한다.
본인은 모르고 있다가 대부분이 전립선 비대증이나 전립선암으로 수술받으러 병원 가니 의사가 하는 말이 페니스의 피부조직이 파괴되었다고 해서 알게 되었다고 한다.

그러면 마지막으로 또 뭐가 있을까? 눈이나 간이식처럼 페니스를 이식하는 것이 있을까 하지만 안타깝게도 아직까지는 없다.
식물인간이 되어 누워있는 20대의 싱싱한 성기를 노인에게 이식할 수는 없다는 말이다.

1,600만 원을 들여 남성 수술을 받았다는 사람이 있었다. 고환에 소금물 주머니를 삽입하여 고환을 서너 번 주무르면 발기가 되고 고환에 단추를 누르면 고환 속 주머니가 뒤로 빠져 수그러든다고 한다. 싸게 하고 싶다고 300만 원짜리 수술은 안 하는 게 낫다.

그러나 고액의 수술은 비용과 두 달간 통증으로 고통받는 일은 이루 말할 수가 없으므로 모든 것을 감수해야 한다고 한다.
가장 신경이 많이 몰려 있어 예민한 부분을 칼로 찢고

꿰매놓으니 상상만으로도 끔찍한 수술이다.

비아그라 약도 안 되고,
정력제 보약도 안 되고,
자가주사도 안 되고,
남성 수술도 안 되고,
이식 수술도 안 되고,
그래서 마지막 심정으로 선택하는 것이 있다.

이 모든 발기부전 환자들에게 큰놈으로 대물이 되게 하는 '**쇠말뚝**'을 추천해 보았다.
대한민국 식품 의약품 안전처에서 승인받은 (의료기기 허가 2747 품목허가 제 10-337호)는 성기 동맥혈류 충전기인 의료기기이다.

하루에 **10분만 투자하여 남성의 3대 고민을 해결**한다.
① 발기가 안 돼 남성 구실을 못하는 분
② 부부 관계가 원활하지 못한 분
③ 나이가 들어 예전같지 않은 분
이런 분들은 과학적 원리로 운동을 해야 한다.

남성의 성기가 발기되는 이유는 혈액이 뭉쳐 팽창해야 하는데 이상이 생기면 혈류가 제대로 되지 않아 팽창하지 못하거나 팽창을 해도 뒤로 빠져 새어나간다.
발기력이 약한 것은 음경 해면체 조직에 원활하고 충분하게 혈액이 유입되지 않아 일어나는 현상이다.

정상적인 발기는 음경 뿌리부터 귀두 끝까지 다량의 혈액이 왕성하게 순환시켜 팽창과 수축을 반복적으로 하는 운동으로 공간을 확장함과 동시에 음경의 강도를 단단하게 하고 사이즈(size)를 크게 변화시키며 사정을 하는 것이다.

발기되도록 근본적으로 개선하는 운동요법인 쇠말뚝은 일주일 3~4일 이상 꾸준히 하면 효과가 좋으며 처음부터 너무 심하게 무리하지 않는 것이 좋다.
운동 강도와 시간을 점진적으로 높여나가는 것이 효과적이다.

섹스 10분 전 사용 시 발기되어 사정 시까지 서 있으며 사정하면 원래대로 돌아간다.
아령운동을 하면 팔뚝이 굵어지듯이 쇠말뚝 혈류의료기구를 꾸준히 하면 발기는 물론 성기의 크기까지 운동효과를 얻을 수 있다.

사용 시 주의사항은

제품과 함께 동봉된 사용설명서를 숙지하고 사용하면 간단하여 쉽게 알 수 있다.

상품 구성으로는 휴대용 지갑을 비롯하여
① 쇠말뚝 의료기기(식약처 허가)
② 바르는 과일 러브젤(입에 닿아도 된다)
③ 성 보조 기구(여성을 만족시키는 제품)
④ 링(혈류를 모아주는데 좋은 기구)
⑤ 서적(인생에 큰 도움이 되는 책 전박사 지음)
5종 신형 298,000원

사용한 분들의 후기로는
병원에도 가고 좋다는 것은 이것저것 다 해보았지만, 소용없다는 분들은 사는 낙이 없다고 하시고 땅이 꺼지라 한숨짓기도 하셨는데 간절히 원하면 얻어지듯이 '**쇠말뚝**' 소문을 듣고 이번에도 속는 기분으로 각오하고 구매하였다고 하셨다.

비아그라나 팔팔정은 30정에 20만 원이지만 쇠말뚝은 10년 20년 그 이상을 사용하여 가격도 저렴하고 반영구적으로 사용할 수 있으며 무엇보다 사용이 간편하여 좋다고 하신다. 여자가 모르게 사용할 수 있어 가장 이상적인 제품이라고 말씀하신다.
남자 구실로 못하면서 생각이 부정적인 분은 사용할 때마다 거추장스럽다는 분도 있다. 옛말에 말을 타면 종 부리고 싶다더니 오랜만에 발기되어 삽입할 수 있다는 것만으로도 감지덕지할 일이지 거추장스럽다는 말은 호강에 겨워하는 넋두리이다.

할렐루야! 할아버지도 남자이고 싶은 것은 당연한 일이니 이젠 소원성취하세요.

큰놈 대물 (쇠말뚝)

6. 야생마
남자는 전립선을 조심하자.

 우리의 신체 모든 장기는 유통기한이 있다.
기계가 노후 되면 고장이 나듯이 나이가 들어 노화가 오면 장기뿐 아니라 생식기에도 이상이 생기는 것은 당연하다.
남자가 발기부전이 오는 것도 노화로 인한 것이고 생식기인 전립선에 문제가 생겼기 때문이다.
전립선에 이상이 오면 소변을 자주 보게 되며 소변을 봐도 시원치가 않고 잔뇨감이 있으며 밤이면 더욱 소변이 자주 마려워 밤잠을 설쳐 낮에는 수면 부족으로 피곤해진다.
50대부터 50%. 60대 60%, 70대 70%, 80대 80%로 전립선 비대증이 온다는 통계를 보아도 나이가 들면서 전립선 비대는 급격히 늘어난다.
비대증으로 인해 소변볼 때마다 고통을 받아 삶의 질도 급격히 떨어지는 것을 볼 수 있다.

남자에게만 있는 전립선이란?

남성 생식기관인 요도가 시작되는 부위를 둥글게 둘러싸는 장기이며 정액의 액체 성분을 이루는 유백색의 액체를 요도로 분비하여 정자운동을 활발하게 하는 곳이다. 밤톨만 한 크기로 방광 밑에 위치하는 남자의 분비선으로 남자가 섹스 시에 쾌감을 느끼며 정액을 여성의 질 속에서 쭈룩쭈룩 힘차게 뿜어주는 역할을 한다.

요도를 깨끗하게 청소해 주기도 하고 신선한 정자가 무사하게 자궁 속까지 안전하게 전달할 수 있게 소독하는 것도 전립선에서 만들어진 액체가 미리 분비하여 가능한 일이다.

섹스하는 데 있어서 중요한 역할을 하는 전립선에 이상이 생기면 발기부전이 오고 방치하면 자각 증상도 느끼지 못하는 전립선암으로 발전한다.

혈뇨가 나와 병원에 갔을 때는 이미 전립선암 말기로 손 쓸 수도 없으며 뼈로 전이가 되어 X레이로 보면 전신의 뼈가 검은색으로 변해있다.

전립선암은 편도선암과 같이 순한 암이라 하지만 암은 암이다. 그뿐만 아니라 어떠한 암도 1기에는 생존율이 높지만 4기로 말기일 경우에는 시한부로 생명을 장담할 수가 없다.

현명하게 돈을 아끼지 않고 자신을 위해 투자하는 사람은 예방하기 위해서 독일 수입품과 **옥사코사놀**을 건강식품으로 꾸준히 섭취한다. 그러면 **즉시 발기**에 도움 되고 전립선 건강에도 효과적이다.
하지만 돈이 아까워 예방하는 것을 무시하고 무관심과 어리석어 대학병원 비뇨기과 암 병동에는 전립선 말기 암 환자로 넘쳐나고 있다.

전립선 환자는 생각보다 훨씬 더 많으며 심각한 수준이다.
암에 걸린 사람들은 자기관리가 중요한 것을 인정하지 않고 가족력이 있어서라고만 말을 하지만 얼마든지 예방할 수 있다.
초기 암일 경우에는 입원 후 수술하지 않고 4~5일이면 퇴원하지만 말기암 환자는 임종을 맞을 때까지 장기입원을 해야 한다.

발기되어 사정하며 전립선에 좋습니다.

독일 수입품   쏘팔맥스 파워

전박사가 3만 명의 실버 시대의 슈퍼노인들을 상담하면서 느낀 것을 하나로 표현해보면 죽을 때까지 남자이고 싶은 열망이 있어 발기가 잘되어 90이 넘어서도 여자에게 찝쩍거리고 싶어 한다.
그러자면 전립선 비대와 전립선암을 예방해야 하고 발기부전이 되지 않도록 쇠말뚝으로 열심히 운동하여 큰 놈을 대물로 키워야 한다.

한 번 태어난 인생 죽으면 끝이다.
그러려면 더 오래 살고 건강하기를 바라는 욕구는 동서고금(東西古今)을 막론하고 어제오늘의 이야기가 아니다.
사람들은 영원한 불멸의 삶을 얻기 위해 할 수 있는 일이라면 무엇이든 하려고 한다.
그뿐만 아니라 목숨이 붙어 있는 한 사는 것처럼 살려고 섹스하고 싶어 한다.
옛말에 남자는 관속에 들어가기 전까지 여자 생각이 난다고 하듯이 남자가 여자를 좋아하고 여자가 남자를 좋아하는 것은 꺼지지 않는 불멸의 이치다.

비록 인간의 오랜 열망이 실현되는 기적은 일어나지 않겠지만 평균수명이 100세로 늘어나고 앞으로 2050년에는 120세로 늘어나는 시대가 다가오면서 50세부터 남자 구실을 못하고 마냥 자포자기할 것이 아니라 현명하게 대처해야 한다.
만약 지금 60세라면 앞으로 60년을 더 계획하고 남은 기간을 어떻게 즐겁게 맞이하여 질 높은 삶을 살지 고민해야 한다.

현재 세계인구는 80억이지만 앞으로 2050년에는 100억 명이 된다.
남자의 수명이 여자보다 짧고 전쟁으로 인해 사망하거나 직업전선에 나가 본의 아니 게 사망하는 남자의 숫자는 여자보다도 훨씬 많은데도 절묘하게 남성이 50억 명 여성이 50억 명으로 성이 비례한다.

세계인의 기대 수명은 하루에 6시간씩 증가하고 있다.
수명이 늘어나다 보면 이에 따른 질병도 늘어나기 때문에 노화 예방도 더 많아 시간을 투자해야 한다.
많이 움직이고 균형 잡힌 식사와 낮잠 1시간과 밤에는 8시간의 숙면이 중요하다.

120세까지 목숨만 유지한 채 사는 것만이 능사가 아니다.
불편한 데가 없어야 하고 즐거운 낙이 있어야 한다.
아마도 현대의학은 날로 눈부시게 발전하여 100세가 넘어도 섹스할 수 있는 기적같은 일이 벌어질 수도 있다.
그러므로 몸 관리를 사전에 관리하고 아껴야 한다.
나이가 들어도 너무 비만하거나 마른 체형이 되지 않아야 한다.
영양섭취가 좋지 않으면 몸이 마르고 노화가 빨리 진행되어 수명이 짧아진다. 근육량이 줄어들어 몸도 쇠약해진다. 그러므로 나이든 노인일수록 식사를 잘 챙겨 고기, 생선, 달걀, 두부 등 단백질을 잘 섭취해야 한다.
사람은 먹은 대로 몸을 만든다는 점을 잊지 않아야 한다.
마른 사람이 뚱뚱한 사람보다 지병에 걸릴 확률은 낮지만 아이러니하게도 뚱뚱한 사람보다 더 일찍 사망한다. 제대로 먹지 않아 마른 노인들은 허약하여 면역력이 약해지기 때문에 늘 질병을 달고 살기 때문이다. 마치 마른 나뭇가지가 쉽게 툭 부러지듯이 하루아침에 사망하는 경우가 많다.
편식으로 영양이 부족해지면 가장 많이 걸리는 병이 뇌졸중, 심근경색과 같은 심혈관 질환이다.
영양 결핍으로 인한 불균형으로 마른 노인들에게 잘 걸리는 병이다.

일본 장수촌에서도 단백질 섭취로 지방이 적은 살코기를 늘 챙겨 먹어 알부민과 콜레스테롤 수치를 줄이고 인지기능도 향상되었다.

잘 먹는 사람은 걷는 속도도 **빠른** 편이라 느리게 걷는 노인들보다 심폐기능이 높다. 그리고 에너지가 있어 늘 소일거리를 하며 늘 산책을 한다.

소일거리를 하지 않거나 무의미하게 시간을 보내는 노인은 활동량이 적어 수명이 줄어들 수밖에 없다.

움직인 만큼 수명은 직결되는 것이 인체의 섭리다.

장수 연구자들이 한목소리로 하는 말이 있다.
첫째, 꼭 제때 식사해야 한다.
둘째, 사회적 활동이나 운동을 통해 몸을 움직여야 한다.
셋째, 충분한 휴식과 규칙적인 생활습관을 가져야 한다.

작은 벽돌들이 모여 견고한 빌딩을 쌓듯 작은 습관들이 하나하나 모여 튼튼하고 건강한 몸을 만든다.

내 몸 사용설명서를 들여다보면 몸을 무리하지 않은 사람은 젊게 살지만, 몸을 함부로 쓰고 고생한 사람은 바짝 늙어 보이며 수명도 훨씬 **짧다**.

7. 야생마
여자는 요실금을 예방하자.

여성이 50대가 되면 갱년기로 접어들어 노화, 성생활, 출산으로 인해 요실금, 변실금이 생긴다.
질 근육이 느슨해지고, 요도가 짧아 기침만 하여도 소변이 찔끔 새어 나와 속옷을 버리게 되는데 뛰거나, 웃거나, 하품만 하여도 소변이 나온다면 심각한 상황이다.

나이가 더 들면 방광뿐만 아니라 항문마저도 수축력이 약해져 변까지 새어 나오는 변실금으로 인해 말 못 하는 고민이 생기므로 삶의 질을 떨어뜨린다.
그러다 보니 속옷을 자주 갈아입어야 해서 외출을 꺼리게 되고 우울증이 생겨 없던 질병도 나타난다.
평소에 예방 차원에서 항문, 질 수축 운동인 케겔 운동을 했더라면 이 지경까지는 오지 않았을 것을 하며 후회하게 된다.

젊어서부터 습관적으로 케겔 운동을 한 사람은 질 근육이 단단해져 수축력이 좋아 긴자꾸로 부부 금실이 더욱 좋았을 것이다.
일본에서는 케겔 운동을 긴자꾸 운동이라고도 한다.
긴자꾸란 질에 수축력이 강해져 젊은 처녀와 같이 꽉 쪼여 손아귀로 움켜쥐는 느낌이라 남성이 쾌감을 느끼게 하므로 옹녀라는 별명을 얻게 된다.

전박사가 개발한 **야생마(올라타는 건강 기구)**는
코드를 꼽고 전원을 켜서 그 위에 앉으면 저절로 운동이 되는 기구다.
여러 가지 운동을 버튼이 있는데 필요에 따라
전원을 켠 후 ①마사지 ②케겔 운동 ③요도나 질 온열 ④방광 항문 온열 버튼 중 하나를 켜면 된다.
휴대가 가능해 직장에서나 운전할 때도 자동차의 전원을 연결하여 아침저녁으로 약 10분씩만 해도 생식기 건강에 새바람을 일으킨다.

남녀 공용으로 남성에게는 전립선에 여성에게는 요실금에 효능을 보아 아랫도리를 춤추게 하는 건강 기구로 많이 알려져 있다. 남편의 퇴근 시간도 빨라지고 신혼으로 회춘한 느낌으로 행복한 밤이다.

그런데도 몰라서 못 하고, 돈 아까워서 못 하고, 게을러서 못하면서 건강하기만 바라는 것은 욕심이다.
남자도 그렇지만 여자는 나이가 들수록 곱게 늙어야 한다.
소변이 새고 변이 새는 할머니에게 누가 곱다고 칭찬하겠는가!
우리의 인체는 자신이 노력한 만큼 향상되고 게을러 관리하지 않으면 퇴화한다.
그렇다고 요실금 치료를 위해 병원에 가서 그 예민한 부분을 칼을 대어 수술한다는 것은 생각만으로도 너무 끔찍한 일이다. 그러니 지금은 병원을 가지 않고도 야생마 기구를 찾는다.
여성 요실금 역시도 남성 전립선처럼 소변이 마려우면 참기가 어렵고 참을 수가 없어 화장실에 가는 도중에 실수한다. 절박뇨도 이와 같다.

요실금은 전립선처럼 암으로 번져 생명을 위협하는 병은 아니지만 부끄러운 것은 확실하다.
일상생활이 까다롭고 불편한 질환이다.
특히 스스로 의지와 상관없이 소변이 나오는 질환이며 주로 방광과 요도 괄약근의 기능적 이상으로 골반 근육이 약화하여 나타난다. 요실금에 주된 원인은 질이 늘어나 느슨해져 수축이 안 되는 데 있다.

요실금을 겪고 있는 여성은 스스로 위축된 태도를 보이거나 자신감이 없어 보이는 것이 특징이다.
평소 화장실에 자주 다녀와도 계속되는 잔뇨감이 있다면 요실금을 시초임을 의심해 보아야 한다.
남성은 적은데 여성에게 빈번하게 나타나는 것은 생리상의 구조로 요도가 짧은 해부학적 구조 때문이다.
출산 시 진통시간이 길어질수록 이때 질 근육이 손상하여 요실금의 원인이 되기도 한다.

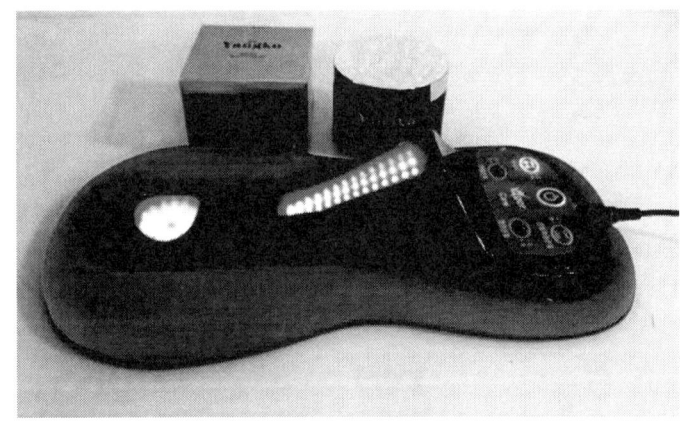

- **야생마** 요실금, 변실금 운동기구
       소비자가격 350.000원 반영구적 -

요실금과 변실금으로 말 못 하는 고민을 안고 살던 70대 여성 분이 계셨다. 그분은 서울 강남 한복판의 고층빌딩을 소유한 분으로 일찍이 혼자되어서 2남 2녀의 자녀를 두고 다복한 분이셨다. 남부럽지 않은 재산에 자식들이 모두 다 성장하여 제각기 결혼하고 손주들이 있지만 노모의 말 못 하는 고민을 자식 그 누구도 눈치채지 못하였다. 돈 많고 자식이 많아도 노후에 독신생활은 늘 외로웠다.

외로움을 달래기 위해 사교춤을 배워서 노인들의 낙원이라는 콜라텍에도 나가 모든 시름을 잊으며 춤으로 건강도 얻고 즐겁게 보내던 중 자신에게 호감을 보내는 70대 남자가 있어도 새침데기 할머니는 눈길 하나 주지 않으며 냉정했다.
경쾌한 음악이 흘러나오면 자연적으로 파트너가 되어 한 곡조씩 밴드에 맞춰 블루스, 지르박을 추고 나면 너 언제 봤냐는 식으로 춤 파트너 이외엔 더도 아니었다.
그러나 매너가 깔끔한 노신사 할아버지는 일편단심 민들레처럼 강남 할머니 외에는 누구와도 손을 잡지 않았다. 할머니도 여자인지라 그런 할아버지의 지극한 배려에 여심이 흔들리기 시작했다.

춤으로 만난지 어언 반년이 되었을 무렵 할아버지는 춤

이 끝나자 저녁 식사나 하자며 제의를 하니 할머니가 쾌히 승낙하였다.

할아버지는 식당에 들어서자마자 테이블에 앉아 할머니에게 정중히 메뉴판을 건네주며 귀부인께서 마음에 드는 것을 고르라고 하면서 매너있는 태도로 말하였다.

노신사의 단골 식당으로 보이는 그 집은 복국을 잘하는 한강성심병원 옆 '강포 복집'(02-2632-4454)이었다. 자연산 참복 한 그릇에 30,000원을 하니 할머니가 망설이자 복은 세계 4대 진미 중의 하나인데 복국 한 그릇 드셔보라고 권하였다.

할머니가 독신으로 사는 동안 남자에게 식사를 대접받기는 처음이었다. 노신사에게 마음이 흔들리기 시작한 것은 춤을 잘 춰서 리드를 잘해서도 아니고 매너가 군더더기 하나 없이 깔끔하기 때문이었다.

콜라텍에서는 서로간에 신상공개를 하는 것이 금지되는 불문율이라 이름도 성도 모르며 어디에 살며 무얼 하는지조차 모른다.

서로가 춤을 추기 시작하여 얼굴을 안 지 6개월이 되었어도 무어라고 불러야 할지 몰라서 여사님 아니면 귀부인이라고 불렀고 할아버지를 대부분 선생님이라고 부르며 지냈었다.

남녀가 60세가 넘으면 이성 간에 선이 정해지지 않고 동성과 같이 그냥 임의로운 친구가 된다고 하듯이 두 사람은 자연스럽게 친구로 발전되어 갔다.
노신사가 식사자리에서 처음 명함을 건넸고 강남 귀부인은 명함을 훑어본 후에서야 자신을 신분을 밝혔다.
식사하는 동안 왠지 할머니는 똥 마려운 강아지 마냥 불안하였다. 마음속으로 요실금, 변실금이란 단어가 자신도 모르는 사이에 튀어나올까 봐 노심초사하다 보니 얼굴에 구름 낀 것처럼 어두워 보였다.

화장실을 연신 들락날락하는 것으로 보아 여성 생식기가 건강하지 못하다는 것을 노신사는 감지하였다.
노신사는 70대의 전박사로 마침 남녀 생식기를 연구하는 박사로 누구보다도 여자의 행동만 봐도 어떤 상황인지 알 수 있었다.
그래서 전박사가 자신이 개빌한 '**야생마**'를 선뜻 선물하였더니 귀부인은 이게 뭐냐면서 놀라면서 기**뻐**하였다.

전박사는 집에 가서 펴보시고 사용법대로 해보시라고 건네면서 효과를 보시면 그때 가서 밥 한 그릇 사라고 말하였다. 할머니가 무안해할까 봐 더이상 말없이 선물만 건네주었다.

소중하게 간직하며 받아온 선물을 집에 도착하자마자 풀어본 할머니는 노신사가 말한 대로 사용설명서를 천천히 읽어보고는 자신에게 딱 맞는 선물이었다.
할머니는 신문을 안 보니 '야생마'가 어떤 제품인지 전혀 모르고 있었다.
그날 저녁부터 쇼파 위에 놓고 전원 코드를 꼽고 작동 버튼을 눌러서 운동하기 시작하였다.
버튼을 누르자마자 온열이 들어오고 미세진동으로 여성 생식기 전반에 파동을 주어 시원하였으며 케겔 운동까지 되니 천군만마를 얻은 기분이었다.
젊은 애들이 다니는 나이트클럽만 있는 강남에서 콜라텍이 있는 영등포까지 다녀야 했지만, 전박사를 만나고 나니 다니길 잘했다는 생각이 들었다.

며칠 후 금마차 콜라텍에서 전박사를 다시 만났다.
보자마자 고맙다는 인사부터 하면서 큰 선물을 주셔서 뭐라 말씀드려야 할지 모르겠다고 하였다.
전박사는 강남 여사의 말을 받아 효과만 보는 것만으로도 충분하니 부담갖지 말고 밥 한 그릇 사라면서 화기애애한 대화 속에 진심이 오가고 있었다.
인간은 사회생활을 통해서 모든게 성장하고 발전한다.

많이 움직이게 되고 많은 정보를 얻게 되며 인맥도 넓어진다.

60대 이후에는 스포츠로 사교춤이 제격이다.
격렬하지 않아 몸에 무리가 되지 않으면서도 만 보를 걷는 효과를 본다. 경쾌한 음악이 있고 이성의 파트너가 있으니 언제나 즐겁고 외롭지가 않다.
콜라텍 입장료는 2,000원이며 가방 보관료는 1,000원이다. 음료수와 커피는 2~3천 원으로 모든 것이 저렴하다. 나이 많은 노인에게 무릉도원과도 같은 콜라텍에는 언제나 남성보다 여성이 더 많으며 평일에는 1,000여 명이 휴일에는 3,000여 명이 전국 각지에서 몰려온다.
영등포에 위치한 '금마차'는 50년이 넘게 한자리에서 카바레에서 콜라텍으로 변경하여 김충식 대표가 사업을 잘 운영하고 있다.
신형 전자 오르간의 음악 소리가 경쾌하고 널찍한 플로어는 옆 사람과 부딪히지 않는다. 앞으로는 TV에 출연하는 신인가수를 출연시킬 목표를 갖고 있다.